우린 서로의 약점을 비밀스레 나눠 지고

우린 서로의 약점을 비밀스레 나눠 지고

스웨덴세탁소

| 프롤로그 | 그건 오직, 사랑 |

사랑. 나에게 사랑이란 뭘까. 나를 아주 유치하게 만들었다가 모든 걸 달관한 사람처럼 만들기도 하고, 실없는 행동에 명분이 되어 주기도 하는 이 판타지적인 개념을 아직은 다 이해하기 힘들다. 이 주제에 대한 글을 쓰기로 하고 머릿속은 온통 '사랑'으로 가득했다. '사랑이 뭘까?' 하는 물음에 나는 쉽게 대답하지 못했다. 몇 달 동안 내내 사랑만 생각했다. 나를 지나간 사랑, 마땅히 하는 사랑, 지금 내 눈앞에 있는 사랑, 그리고 도처에 깔린 사랑. 사람들을 만나면 그 사람의 사랑에 대해 짐작해 보기도 했다. 거기엔 그들의 소중한 가치들도 담겨 있었다.

'사랑'이란 단어는 사랑에 빠진 사람들의 여러 가지 마음들이 합쳐진 상징처럼 느껴졌다. 예를 들면 '지금 보고 있지만 벌써 보고 싶다'라던지, '너는 내가 제일 좋아하는 사람이어서 미래까지 함께하고 싶은데 너도 같은 마음이니?'라던지, '너를 위해 내 모든 걸 바칠 수 있어' 같은……. 그래서 사랑이라는 말은 어쩌면 그 감정들을 대표해 표현하는 게으른 말 같기도 해서, 만약 '사랑'이라는 단어가 없었다면 사람들 모두 시인이 되었을 것 같다는 생각을 했다.

내 '사랑'의 정의는 계속 바뀌었다. 아주 어릴 땐 많이 좋아하면 그게 사랑인 줄 알았고, 조금 지나서는 내가 그 사람 대신 뭐든 해주고 싶은 게 사랑인 줄 알았고, 조금 지나서는 그 사람이 뭐든 직접 잘할 수 있게 도와주는 게 사랑인 줄 알았고, 또 조금 지나서는 그저 그 사람이 행복만 하길 바라는 마음이 사랑인 줄 알았다. 그리고 그때마다 최선의 사랑이 있었다.

나는 사랑만이 이 세상을 정복한다고 생각하는 사람이다. 사람들을 움직이게 하는 것 그리고 세상이 돌아가는 것은 모두 사랑이다. 연인에 대한 사랑, 가족에 대한 사랑, 반려동물에 대한 사랑, 나에 대한 사랑, 혹은 자기가 하는 일에 대한 사랑. 사랑하는 어떤 것이 우리 모두를 움직이게 한다.

어디에나 있고, 이 세상을 움직이는 원동력! 그건 오직 사랑뿐이다.

차례

5 — 프롤로그 | 그건 오직, 사랑

10 — 1日 첫사랑
17 — 2日 나의 덕질의 역사
24 — 3日 사랑의 증거물
30 — 4日 너라는 행운에게 : 두서없는 고백들
37 — 5日 뿌뿌만의 방식
43 — 6日 사랑하는 방법
50 — 7日 언제나 돌아갈 수 있는
55 — 8日 등 뒤의 시간들
61 — 9日 나를 사랑하는 일
67 — 10日 날씨를 알려 주는 사람 : '란'의 이야기
74 — 11日 문득
78 — 12日 이것도 사랑일까?
82 — 13日 나의 우주, 첫사랑
89 — 14日 내가 사랑하는 시간 1 : 오늘도 걸었다
94 — 15日 사랑의 정의

102 — (16日) 들키고 싶은 마음을 최선을 다해 숨기기

108 — (17日) 임대

113 — (18日) 바람(Wish)

118 — (19日) 내가 사랑하는 시간 2: 의식의 흐름 같지만

124 — (20日) 척

130 — (21日) 나의 첫 세상

137 — (22日) 마지막 피자 한 조각

141 — (23日) 집으로 가는 길

146 — (24日) 얼굴

151 — (25日) 내가 사랑하는 시간 3: 아주 주관적인 낭만

158 — (26日) 취향의 취향

164 — (27日) 고양이

172 — (28日) 마음이 기억하는 냄새

178 — (29日) 연말 정산

185 — (30日) 그만할게

189 — (31日) 잠수

194 — 에필로그 | 그럼에도, 사랑

1日

첫사랑

1日 | 첫사랑

매일 아침 함께 등교하던 친구가 있었다. 걸어서 5분 정도면 바로 교문이었지만, 우리는 늘 골목에 있는 나무 밑에서 만났다. 어느 날, 그 친구는 쌍꺼풀이 생긴 채 나타났다. 들뜬 목소리로 쌍꺼풀을 만든 방법을 자랑했고, 우리 학교에 귀여운 남자애 이야기를 시작했다. 그 애의 성을 따 둘의 아이 이름을 지어 보면서 아무래도 자식은 두 명이 좋을 것 같다며 까르르 웃었다. (쌍꺼풀을 만드는 노하우가 생겼을 즈음에는 또 다른 남자애 이야기를 했다.)

내 인생에 새로운 주제가 나타난 것이었다. 그 대화로 다른 사람을 좋아하는 짜릿한 세계를 알게 된 것이다. 다른 친구들도 한 명씩 자기가 좋아하는 사람들을 접찍듯이 자랑했다. 간혹 겹치는 상황이라도 발생하면 어색해지기도 하고, 같은 애를 좋아하기도, 미워

1日

첫사랑

하기도 했다. '나는 누가 좋다고 말하지? 누구를 좋아하는 거지?' 머릿속은 온통 내 빈자리의 주인공을 찾느라 바빴다.

첫 번째 후보는 옆 학교 오빠였다. 제일 처음으로 떠오른 그는 외모도 멋있고 운동도 잘했다. 지금 생각해보면 첫사랑, 짝사랑의 정석이었던 것 같다. 그를 처음 봤던 건 시내의 한 음식점이었다. 그 음식점은 그를 포함해 잘생긴 고등학생 오빠들이 알바를 많이 하는 곳으로 알려져 있었다. 그래서 그런지 내부에는 교복 입은 손님들이 많았다. 친구들은 볶음밥이 하트 모양인 것에 의미 부여를 하고 또 아이의 성을 획획 바꾸었다. 나는 그의 무표정이 좋았다. 일할 때나 버스를 기다릴 때, 친구들과 있을 때에도 그는 언제나 무표정이었다. 그 신비로운 표정 속의 생각과 감정이 궁금했다. 질풍

1日

첫사랑

노도의 시기를 지나고 있는 나에게는 아무것도 관심 없다는 듯한 그의 표정과 행동, 모든 게 쿨해 보였다.

두 번째 후보는 공부를 잘하는 애였다. 그 애를 처음 본 건 책상에 앉아 문제집에 빨간펜으로 동그라미를 치는 모습이었다. 그는 볼 때마다 항상 동그라미를 쳤다. 동그라미도 올록볼록한 물풍선 모양이 아니라 마치 동그란 생수병 뚜껑을 대놓고 그리는 듯한 작고 완벽한 동그라미였다. 콩깍지였는지 기분 탓이었는지 한 번도 울퉁불퉁한 동그라미를 그리는 모습은 보지 못했다. 늘 반듯한 동그라미를 그리는 모습을 보며 처음에는 거리감을 느꼈다. 물론 나도 공부를 좋아했지만 교복도 단정하고 필통도 단정한 그가 나와는 정반대 같았다. 하지만 난 그 똘똘한 얼굴에서 나와 비슷한 개구쟁이 같은 표정을 찾았다.

1日

첫사랑

세 번째 후보는 그 전날 복도에서 만난 처음 보는 애였다. 아마 여러 번 스쳤겠지만 내가 처음으로 그를 인식하게 된 날이었다. 하늘은 붉게 변해 있었고 모두가 집으로 돌아가고 복도에는 그와 나밖에 없었다. 기타 두 대를 양쪽 어깨에 메고 끙끙대며 지나가는 나에게, 대뜸 엄지손가락을 올리며 "야, 정말 멋있다."라고 말을 건넸다. 갑작스러운 말에 당황했지만 기대에 부응하기 위해, 자주 듣는 말이라는 식의 멋진 미소만 지어 보이고 지나쳤다. 그때의 하늘 색 때문이었는지 무거운 기타 때문이었는지 괜히 부끄러웠다.

나는 누구를 말해야 했을까. 누구나 다 좋아했던 사람, 나만 알아본 사람, 잘 모르지만 궁금한 사람. 결국 아무도 말하지 않았다. 입 밖으로 꺼내는 순간 내 마음이 날숨과 함께 가볍게 날아가 버릴까 봐 숨겼다. 내

1日 | 첫사랑

안에 고이 담아 두고 싶었다. 시간이 흘러 한 사람은 친구가 되었고, 한 사람과는 첫 키스를 했고, 한 사람은 첫사랑이 되었다.

1日 | 첫사랑

오늘의 사랑

처음 느껴 보는 감정은 소중하다.

그게 사랑이라면 더더욱.

2日

나의 덕질의 역사

2日 나의 덕질의 역사

내가 처음 이 영역에 빠져든 때는 아마 '덕질'이라는 단어조차 없을 때일 거다. 옆집에 살며 매일 함께 시간을 보내곤 하던 민경이 당시 최고 인기 아이돌이던 그룹 A의 팬클럽에 가입했다며 그녀의 집 거실에서 하얀색 우비를 입고 텔레비전 앞에 앉아 열렬히 그들의 이름을 박자에 맞춰 외치며 응원하는 것을 조금은 심드렁하게 바라보다가 같은 음악 프로에 출연한 그룹 B를 보고 첫눈에 반해 버린 것이 시작이었다.

당시 초등학생이던 나는 처음으로 연예인을 좋아하는 내가 신기하기도 했고 친구들과 함께 무언가를 좋아하는 행위 자체가 즐거웠던 것 같다. 정식 팬클럽에 가입하게 해 달라며 떼를 쓰는 내게 엄마는 '전교 1등'이라는 퀘스트를 내걸었고, 임무를 수행하지 못한 나는 민경에게 더듬더듬 배우며 팬클럽이 하는 일들을 따라

2日 | 나의 덕질의 역사

했다. 매일 아침 등굣길에 민경과 함께 공중전화 부스에 들러 그들의 스케줄을 알려 주는 사서함을 듣고 음악 프로 시간에 맞춰 텔레비전 앞을 사수하고, 민경이 선물해 준 가장 좋아하던 멤버의 이름이 적힌 명찰을 내 명찰인 양 가방에 달고 다니기도 했다.

민경이 좋아하던 그룹 A가 해체를 선언하던 날, 온 학교가 눈물바다였던 것을 기억한다. 지금 생각해 보면 초등학생이 어린 나이라고 생각되지만 우리가 느낀 슬픔의 무게는 학교 전체 분위기를 가라앉히기에 충분했다. 등교할 때 뒷문에 모여 선 언니들이 서로를 안아 주며 울먹이던 소리를 아직도 기억하고 있으니까. 민경도 꽤 오랜 시간을 울고 슬퍼했다. 전화를 걸면 늘 물기를 머금은 목소리로 대답했고, 그들의 춤을 따라 추던 바쁜 발소리도, 함께 화음을 넣어 가며 불렀던

2日 | 나의 덕질의 역사

노랫소리도 없이 무기력한 민경을 보는 게 힘들었다.

내가 먼 동네로 이사 가고 중학생이 되었을 무렵, 나는 같은 반 친구들과 함께 갓 데뷔한 아이돌 그룹 C를 좋아했다. 조금 자란 몸만큼 마음도 행동도 덕질에 대해 본격적인 태세를 갖추었고 그 즈음엔 꾀가 생겨 엄마 몰래 정식 팬클럽도 가입했고, 인터넷도 제법 잘할 수 있게 되어 하교 후에는 팬카페를 돌며 새로운 소식이나 놓쳤던 스케줄을 찾아보는 것이 일상이 되었다. 학교의 거의 모든 학생이 그들을 좋아했고 등교를 하면 늘 그들의 이야기로 모두가 떠들썩했다. 그들이 라디오에서 했던 농담과 무반주로 불렀던 노래, 입었던 옷과 머리 스타일이 우리에게는 가장 중요한 이야깃거리였다. 이른 등교의 피곤함과 야간 자율 학습의 지루함 속에서도 우리는 그 덕에 웃을 일이 많았다.

2日 | 나의 덕질의 역사

낯선 동네로 전학을 가야 했던 고등학교 입학 첫날에도 같은 아이돌 그룹을 좋아한다는 이유만으로 쉽게 친구를 사귈 수 있었고, 낯섦에 대한 불안과 도저히 나아질 것 같지 않던 고민거리들로부터 도망치고 싶을 때면 닳도록 들었던 그들의 노래가 어디에서든 언제든 숨을 곳이 되어 주었다. 작곡가가 되고 싶다는 꿈도 그 덕분에 선명해졌고, 어려운 화성학 공부로 머리를 쥐어짜고 있을 때면 친구가 내 오선지 공책 맨 앞장에 붙여 준 '최애'의 사진을 보고 힘을 내곤 했다. 친구들과 그 그룹의 아카펠라 화음을 하나씩 맡아 쉬는 시간마다 노래를 부르고, 주말이면 DVD 플레이어가 있는 친구네 집으로 우르르 몰려가 그들의 영상을 보며 까르르 웃고 떠들던 그 시간들이 내 10대 시절의 전부라고 해도 과언이 아닐 만큼 나와 친구들은 그렇게 열렬한 사랑을 했다.

2日 | 나의 덕질의 역사

쉽게 온 마음을 내어주고 온몸으로 그 열렬한 사랑을 티 내고 다니던 10대의 내가 조금은 부럽기도 하다. 무언가를 그토록 열렬히 또 열심히 좋아할 수 있다는 것은 너무나 건강하고 사랑스러운 일이니까. 그리고 그것은 나를 사랑하는 법을 아는 사람들만이 가질 수 있는 특권 같은 것이니까. 요즘처럼 겁이 많은 나는, 걱정이 앞서 사랑 앞에 주춤거리는 나는, 두 눈을 크게 뜨고 두리번거려 봐도 그때처럼 뜨거운 마음을 갖기 쉽지 않다. 그러니 좋아할 수 있을 때 마음껏 좋아하고 사랑해야 한다. 그게 뭐든!

2日 | 나의 덕질의 역사

오늘의 사랑

내 세계를 넓혀 준

'덕질'이라는 또 다른 사랑의 모양!

3日

사랑의 증거물

3日 │ 사랑의 증거물

아빠가 약주 한잔하시면 들려주는 몇 개의 이야기가 있다. 엄마는 우리가 지겨울까 봐 그만하라고 하지만 나는 싫지 않다. 노래 한 곡을 여러 번 듣듯이 한 이야기를 여러 번 듣는 것도 들을 때마다 다른 느낌이 들어서 좋다. 이야기가 끝나면 20년 넘게 쓰신 해진 지갑에서 사진 한 장을 보여 주신다. 지갑 가운데에 동생과 나의 사진이 있다. 사과머리를 한 3살 무렵의 내가 갓난아기인 동생을 힘겹게 안고 있는 사진이다. 안고 있다고 하기에는 어설퍼 보이기 때문에 아슬아슬 들고 있는 것처럼 느껴진다. 나는 그 사진을 아주 좋아한다. 그리고 그 사진 뒤에는 지갑 모양으로 휘어진 까만 명함이 하나 있다. 언제쯤인지 기억도 나지 않는 그 빛바랜 명함에는 내가 중학생 때 하던 밴드 이름이 쓰여 있다.

3日

사랑의 증거물

내가 기억하는 사춘기 때의 난 귀여운 구석이라고는 하나도 없고 징그럽게 말 안 듣는 사고뭉치 느낌이다. 중학생 때부터 밴드에서 기타를 쳤는데 아빠가 관심도 없고 신경도 안 쓴다고 생각했었다. (다행히 서운하지는 않았다. 왜냐하면 그때의 나는 나만의 세계에 푹 빠져 있었고, 천상천하 유아독존이었기 때문이다.) 지금도 화려하게 응원해 주시진 않지만 지갑에 우리 팀의 얼굴이 있는 카드를 꽂아 두신 것을 보며 아빠의 방식으로 응원해 주심을 느낀다. 사랑의 증거물이다.

본가 내 방 한구석엔 플라스틱 통으로 봉인된 유통기한 지난 편지들이 있다. 서로 연락을 하지 않게 되면 대부분 버렸지만 몇 개는 아직 남아 있다. 아마 편지를 준 사람은 깜짝 놀라겠지만 아직도 생각나면 한 번씩 읽는다. 활자 중독인 탓도 있고 학창 시절 때 쓰던 책

3日 | 사랑의 증거물

상을 보면 자꾸 그렇게 된다. 그 편지를 처음 받고 읽을 때는 전혀 몰랐는데 몇 년 지나고 다시 읽으니 처음부터 끝까지 다 사랑에 대한 고백이었다. 아, 얼마나 내가 답답했을까. 효력 없는 증거물이다.

사랑의 증거물들은 어디에나 있다. 사랑이 어디에나 있기 때문이다. 심지어 모든 물건들이 사랑의 증거물일 수 있다는 거대한 음모론까지 제시하고 싶지만 내가 생각해도 주장에 비해 근거가 엉망진창이다. 직접적인 편지나 선물 말고도, 내가 나를 위해 두는 물건들이나 엄마가 싸주는 반찬, 내 취향을 아는 친구가 준 책, 거실에 가득 차 있는 뿌뿌의 물건들이 있고 심지어 발명의 원인이 사랑인 것들도 많다.

대상이 나에게 특별해지면 사랑의 증거물이라고 확대

3日

사랑의 증거물

해석하는 일도 빈번해진다. 고양이 화장실 모래에 뿌뿌가 남긴 하트 모양 소변, 내 팔과 발목에 뿌뿌가 발톱으로 그린 사랑의 징표, 밖에서도 뿌뿌를 느낄 수 있게 핸드폰에 묻은 털.

노트에 써 놓은 내 이름 옆에 그려 준 하트, 손수 만들었다며 나에게만 준다던 쿠키, 따뜻하게 데워진 핫팩을 건네는 것. 다 사랑이 아닐까? 내가 사랑에 관대한 걸까. 만약 그렇다고 해도 뿌뿌의 하트 모양 소변은 확실히 사랑이다.

3日 | 사랑의 증거물

오늘의 사랑

내가 다른 이를 사랑하다 남기는

증거들도 잘 발견해 주길!

4日

너라는 행운에게 :
두서없는 고백들

4日 : 두서없는 고백들
너라는 행운에게

#1

네가 영원히 살면 좋겠어. 그럼 세상이 좀 더 아름다워질 텐데. 네가 여러 명이면 좋겠어. 그럼 세상이 좀 더 다정할 텐데.

#2

나는 사랑을 잘 고백하는 사람이 되고 싶어, 너처럼. 너무 느끼하거나 지나치게 진지하지도 무겁지도 않게 그렇다고 또 너무 가벼우면 안 되니까. 그런 거에도 연습이 필요한 거지?

#3

요즘은 무언가를 좋아하는 일이 어렵게 느껴져. 뜨겁게 무언가를 좋아하는 마음이 구원이 될 때가 있다고, 그 마음이 나를 보살펴 줄 거라고 그랬었잖아. 좋아할

4日 | 두서없는 고백들
너라는 행운에게…

수 있을 때 마음껏 좋아해야 한다는 말도 함께. 그 말을 들었을 때 나는 너무 많은 것들을 좋아하고 있어서 잘 와닿지 않았는데 이제는 이해하고 있어. 평생 좋아할 것처럼 생각만 해도 들뜨던 것들의 파동이 이유도 모르게 한순간에 잠잠해지기도 하더라고. 무엇도 좋아할 수 없는 상태가 너무나 권태로워 견딜 수 없던 적도 있었어. 그때 취미를 가져야 한다는 강박에 친구를 따라서 시작한 뜨개질은, 들고 다니면 물건이 줄줄 흘러내리는 몇 개의 가방과 작은 바늘을 유심히 들여다보느라 나빠진 시력만 남기고 재료들은 다 처분해 버렸어. 흥미로웠지만 역시 다시 하고 싶지는 않아. 나이를 먹어서인지 아니면 무슨 총량의 법칙 같은 게 있어서 내가 곧 무언가를 너무나 좋아하게 될 예정이기 때문에 지금은 이렇게 고요할 수밖에는 없는 걸까? 친구들은 내가 가장 좋아하는 것을 이미 일로서 하고 있

4日
두서없는 고백들
너라는 행운에게‥

기 때문이라고 하고 엄마는 "영화 보는 거 좋아하잖아"라고 심플하게 말해 주는데 뭐 아무래도 상관은 없지만 조금은 궁금해. 내가 평생을 싫증 내지 않고 좋아할 수 있는 건 뭘까. 간혹 무언가를 좋아할 마음을 먹었을 때 '들어가는 돈에 비해 즐거움이 큰가?', '얼마큼의 체력을 할애할 수 있는가?', '그래서 이것이 나의 성장에 어떤 도움을 주는가?' 와 같은 것들을 은근히 계산하고 있는 내 모습도 조금은 끔찍하게 느껴져. 하지만 곧 찾을 것 같아. 나는 사랑에 쉽게 빠지는 타입이니까. 한번 빠지면 마음을 낭비하는 타입이니까.

#4
문득 갑자기 벅차게 기뻐질 때가 있어. 우리가 '우리'일 수 있는 이 시간들이 벅차서. 사랑해. 아니 어쩌면 이건 '사랑'이라는 범주를 벗어난 어떤 다른 개념 같

4日 | 두서없는 고백들
너라는 행운에게…

기도 해. 아마 평생을, 내 온 생애를. 뭐든 다 어렵게만 느껴지던 하루의 끝에 내 어떤 모습도 귀엽게만 바라봐 주는 너를, 입가에 튀김 부스러기가 묻은 내 사진을 확대해 바라보며 한참을 웃는 너를, 내 말투를 엉터리로 흉내 내며 즐거워하는 너를 그리고 네 시선 안에서 가장 자유롭고 사랑스러워지는 나를 만나는 게 질릴 리 없잖아. 싫증날 리 없잖아.

#5
어제는 꿈에 내가 중학생쯤 좋아하던 아이돌 가수가 나와서는 제철 과일을 잘 챙겨 먹으라고 했어. 그 사람이 너무 현란하게 춤을 추면서 얘기하는 바람에 잘 알아들었는지 모르겠지만 제철 과일을 잘 먹어야 용기가 사라지지 않을 거라고 했던 것 같아. 그 꿈에서 깼을 때 체리가 먹고 싶었어. 체리 철이어서 그랬던 건

> 4日
> 두서없는 고백들
> 너라는 행운에게…

지, 길을 걷다 체리 트럭을 발견했다며 가던 길을 다시 돌아와 내게 체리 한 봉지를 내밀며 웃던 네가 보고 싶어진 건지. 앞으로도 이렇게 제철 과일을 잘 챙겨 먹자. 그렇게 용감하게 맞서고 용감하게 도망치면서, 오래오래 서로를 귀여워하면서.

#6
바다를 보면 여러 가지 생각을 해. 우리가 서로에게 건네온 말들이 하얗게 부서져 내 삶을 넘실대고 있는 것 같아. 저 파도처럼. 해변 모래사장에 남겨진 네 발자국을 따라 걷는 유치하고 낭만적인 상상에 빠져 있다가 네가 가진 바다의 저 아득한 수평선 너머에는 뭐가 있을까 궁금해졌어. 답은 안 해도 돼. 그게 뭐든 나는 끌어안을 테니까.

4日 | 두서없는 고백들
    | 너라는 행운에게‥

오늘의 사랑

문득 내 가장 큰 행운인 너에게

주절주절 머릿속 두서없는 고백들을

쏟아내고 싶은 날.

5日

뿌뿌만의 방식

5日 뿌뿌만의 방식

며칠째 새벽 다섯 시에 일어났다. 미라클 모닝을 하는 것도 아니었고, 아침 일찍 계획이 있는 것도 아니었다. 딱 하루 이 시간에 일어났다고 며칠째 몸이 날 일으킨다. 며칠 전 새벽, 나의 반려묘 뿌뿌가 힘겨운 소리를 내며 녹색 토를 했다. 고양이들은 구토 색깔로 건강 상태를 예측해 볼 수 있는데, 녹색 토는 위험하다는 것이 기억나서 당장 옷을 갈아입고 뿌뿌를 이동장에 넣었다. 새벽에 인간들이 일어난 게 반가웠던 뿌뿌는 기분이 좋았다가 한순간에 이동장에 갇히는 신세가 되었다. 24시 병원에서 몇 개의 검사를 해 보았지만 원인은 알 수 없었고, 집으로 돌아와 계속 상태를 체크했다. 어리둥절한 뿌뿌는 집에 도착하자마자 바로 사료를 오독오독 먹었고 좋아하는 자리에서 편안하게 잠을 잤다. 다행히 뿌뿌는 괜찮았다.

5日

뿌뿌만의 방식

하지만 내가 안 괜찮았다. 병원에서 겁에 질려 소변 실수까지 하는 뿌뿌를 보며, 누군가가 내게 한 가지 소원을 들어준다고 한다면 '내가 원할 때 몸을 바꿀 수 있는 능력'을 빌어야겠다고 생각했다. 그래서 내가 뿌뿌 몸에 대신 들어가 건강검진도 받고, 마취 없이 입을 크게 벌려 치아 스케일링도 받고, 대신 아파 주고 싶었다. 지금 생각해 보니 기왕이면 '내 손길 한 번에 모든 병이 낫기'를 빌었으면 좋았을 텐데 그때는 겁에 질린 뿌뿌의 말린 꼬리가 내 이성을 망가뜨렸다.

오백 그램도 안 되는 작은 고양이를 처음 만나 데려올 때는 책임감으로 힘들었다. 나도 처음 느끼는 감정에 당황했다. 뿌뿌 입장에서는 동의도 없이 납치당했다는 생각이 들지도 모르는 일이었다. 나는 그런 마음이 들지 않게 최선을 다해 사랑하기로 다짐했다. 그

5日 뿌뿌만의 방식

건 그 어떤 결심보다도 무거웠고 행복에 벅찼고, 다시 그 무거움이 날 눌렀다. 서툴게 뿌뿌를 사랑했고 미련하게 표현했다.

처음에는 뿌뿌가 쉽게 마음을 열어 주지 않는다고 생각했다. 가까이 잘 다가오지도 않고, 꼬리는 항상 경계 태세였다. 하지만 뿌뿌는 뿌뿌만의 방식으로 나에게 사랑을 표현하고 있었다. 외출에서 돌아온 나를 반겨 주지는 않지만 원래 있던 자리에서 도망가지는 않는다던지, 내 옆에 오진 않지만 항상 내가 보이는 곳에 자리를 잡는다든지, 내가 뭔가에 열중하고 있으면 토독토독 다가와 작은 머리를 콩 내 다리에 부딪친다든지. 갑자기 크고 시끄러운 소리가 나면 그쪽을 보는 게 아니라 나를 바라본다든지. 그러고는 내가 편안한 표정을 짓는지 확인하고 자기도 안심하는.

5日

뿌뿌만의 방식

어떤 한 생명이 나를 믿고 의지하는 것. 생각만 해도 눈물이 날 것 같다. 마치 뜨거운 것을 만진 찰나에 손이 떨어지는 것처럼, 머리로 이해해 보려 하기도 전에 눈에서 먼저 반응하는 것 같다. 뿌뿌는 나의 눈물 버튼이고 동시에 내가 더 강해지게 하는 존재이다.

잃는 게 무서워서 가지지 않은 척한 적이 많다. 고양이에게 하루는 인간의 일주일과 비슷하다고 한다. 사람의 머리에 희끗희끗 새치가 나듯 뿌뿌의 하얀 수염이 몇 가닥 까맣게 난 걸 보면서 시간을 더 실감한다. 정신없었던 내 하루 끝에서 뿌뿌의 하루가 어땠을지 생각해 본다. '나의 하루와 너의 하루의 무게가 이렇게 다르다니' 라는 생각을 하며 뿌뿌의 머리를 쓰다듬다 바로 얻어터진다.

5日

뿌뿌만의 방식

오늘의 사랑

뿌뿌도 언젠가 내 사랑의 방식을

이해해 주겠지.

시온

6日

사랑하는 방법

6日

사랑하는 방법

좋아하는 사람들과 커피를 마시다 '내가 가장 사랑하는 일이 나를 가장 고통스럽게 한다' 라는 주제로 잠깐 이야기를 나누었는데 다양한 에피소드들이 여기저기서 툭툭 튀어나왔지만 무언가를 너무나 사랑한 나머지 받게 되는 고통들은 한결같았다. 친구 A는 사랑하는 일 앞에서 이상하리만치 질문이 많아진다고 했다. 남들에게나 자기 자신에게나 너무 많은 질문을 하는 바람에 진절머리가 날 지경이지만 잘 고쳐지지 않는다고. B는 너무나 소중해서 왜인지 외면해 버리는 이상한 회피형 인간이 되고 있는 자신이 싫어지는 중이라고 했고, C는 언제나 가장 중요한 날에 공들여 한 화장이 제일 이상하지 않냐며 웃었다.

좌절에 몸부림치면서도 쉽게 돌아서지지 않는 마음을 알아서 나는 고개를 끄덕였다.

6日

사랑하는 방법

내 경우에는 언제나 공연을 앞두고 꾸는 꿈이 있다.

공연 시작이 30분도 채 남지 않았는데 그제야 부랴부랴 세트리스트를 짜고 있는 윤이와 나. 김밥과 화장품이 널브러진 대기실에는 어서 무대로 올라갈 준비를 하라는 재촉의 소리만이 가득한데 내 손에는 멜로디언도 실로폰도 없을뿐더러 첫 곡으로 어떤 곡을 불러야 하는지도 모른 채 머리가 새하얗기만 한……. 무대로 올라가면 관객석엔 14명 정도의 관객이 듬성듬성 앉아 졸린 눈으로 우리를 바라보고 있다. 두피 끝 정수리까지 오한이 드는 듯한 기분으로 노래를 시작하려다 숨이 헉 막힌 채 잠에서 깬다.

모든 게 꿈이었다는 사실에 안도하면서 노트에 적어둔 세트리스트와 멘트들을 한 번 더 확인하고 나서야

6日

사랑하는 방법

비로소 다시 잠에 든다. 담이 올 정도의 이 뻐근한 악몽의 근원은 다 '사랑' 때문이다. 그을리기 직전까지만 뜨겁고 싶었는데 기어이 쓰라리고 가렵고 흉이지는 쪽으로 몸을 기울이는 내 간절한 사랑 때문에. 대충 사랑하는 방법은 아무도 알려 주지 않아서, 나는 열심히 사랑할 수밖에 없는데…….

6日 | 사랑하는 방법

오늘의 사랑

그래서 언제나 약간은 담에 걸린 채로,

악몽을 꾸는 기분으로 사랑을 한다.

7日

언제나 돌아갈 수 있는

7日 | 언제나 돌아갈 수 있는

스물두 살쯤에 3주 동안 동유럽으로 혼자 배낭여행을 떠난 적이 있다. 새롭고 다양한 것들을 보고 경험하고 싶다는 마음으로 떠났고, 여행하며 틈틈이 글을 쓸 작은 수첩도 챙겼다. 처음 쓴 글은 인천공항으로 가는 리무진 버스 안에서였다. 누가 보면 혼자 외국으로 이민이라도 가는 줄 알 만큼 구구절절하게 가족에 대한 감사함과 전엔 표현한 적 없던 마음으로 가득 채웠다. 그때의 나는 아빠를 나무, 나와 동생을 열매, 엄마는 햇살과 땅, 비로 비유했다. 그리고 이제 그 열매 중 하나가 땅에 떨어져 데굴데굴 굴러가서 다른 곳에 뿌리를 내릴 거라고 썼다. 여기까지 쓰고 웅크려 무릎을 안았던 기억이 난다.

여행하는 동안 새로운 친구들도 만났고, 그 새로운 친구들과 또 새로운 것들을 보고 먹고 마셨다. 에곤 실

7日 | 언제나 돌아갈 수 있는

레 작품을 보며 하루를 보내고, 길을 걷다 햇살이 좋으면 망설임 없이 털썩 앉아 한참을 생각에 잠겼다가, 고소한 빵 냄새가 나면 초콜릿이 들어 있는 갓 나온 빵을 사 먹었다. 성당마다 조용히 들어가 매번 똑같은 기도를 하고, 혹여나 기도하는 법이 틀려서 안 들어주시려나 초조해하기도 하면서 경건해진 마음으로 성당을 나왔다.

따뜻하게 내리쬐던 태양도 퇴근하듯 하늘에 오렌지 빛이 번져갈 때쯤, 오스트리아 빈이라는 낯선 곳에서 혼자인 내가 실감났다. 일과를 끝마친 듯한 사람들은 어딘가에서 쏟아져 나와 어디론가 향했다. 그 목적지를 다 알지는 못하지만 돌아갈 곳이 있는 듯 확신에 찬 걸음들이었다. 그 발걸음들을 보고 있자니 사랑하는 사람들이 생각났다. 나에게 사랑이란 안식처

7日 | 언제나 돌아갈 수 있는

와도 같아서 항상 그곳으로 돌아가고 싶은 마음이었기 때문이다.

생각해 보면 늘 돌아갈 곳이 있었다. 그게 집이든 사람이든. 매일 학교 수업을 마쳤을 때도, 무거운 기타와 장비를 바리바리 들고도, 지금도. 돌아갈 곳이 있다는 건 너무나 당연해서 아무렇지도 않았다. 당연한 게 아닌 줄도 모르고……. 언제든 돌아갈 곳이 있다는 생각만으로도, 시공간을 초월해서 그런 존재가 있다는 사실만으로도, 뭐든 할 수 있을 것 같은 기분이 든다. 나도 누군가에게 항상 돌아가고 싶은 곳이 되어 주고 싶다.

7日 | 언제나 돌아갈 수 있는

오늘의 사랑

사랑이란 안식처와도 같다.

8日

등 뒤의 시간들

8日

등 뒤의 시간들

일요일 아침, 텔레비전에서 방영되던 '디즈니 만화 동산'을 보기 위해 눈을 떴다. 그렇게도 무겁던 아침잠이 "디즈니 시작한다!"는 오빠의 신난 목소리에 금방 달아나곤 했다.

세 살 터울의 오빠와 가느다란 빨대가 꽂힌 요구르트를 하나씩 들고 나란히 앉아 만화영화를 보던 시간. 그런 것들을 떠올리다 보면 어렸을 때 매일 아기를 돌보듯 안고 다녔던 인형 보송이, 할머니를 졸라 샀던 핑크색 털의 강아지 인형과 '웨딩피치' 시리즈를 녹화해 둔 테이프 같은 것들이 생각난다. 마치 다른 세계에 두고 온 것처럼. 그때 살던 복현동이 다시는 갈 수 없는 곳이 되어 버린 것 같아 괜히 아득해지는 기분으로.

'디즈니 만화 동산'의 방영이 끝날 즈음인지 우리가

8日 | 등 뒤의 시간들

만화영화에 흥미를 잃었을 즈음인지는 확실치 않지만 10대에 접어든 내 일요일은 언제나 목욕탕이었다.

같은 아파트 단지에서 자칭 '복현동 S.E.S'를 외치며 쏘다니던 민경과 혜윤 그리고 나. 매주 "쓰레기통 앞에서 보자!"는 장난스러운 민경의 전화로 시작되는 일요일, 냉탕과 온탕을 오가며 떠들썩하게 주고받던 온갖 비밀과 고민들은 내 10대를 지탱해 주는 중요한 일과 중 하나였다. 그렇게 비밀도 약속도 없이 거의 매일 붙어 다니던 우리는 그 당연한 일과들을 더 이상 할 수 없게 되었다. 혜윤도 나도 이사를 가야 했기 때문이다. 10대 시절, 가장 연약한 곳에 가장 쓰라린 각자의 상처를 끌어안은 채 우리는 목욕탕을 향해 마지막 발걸음을 옮겼다. 민경은 가장 큰 언니로서 "이게 뭐 별일이가! 계속 보면 되지." 하며 큰소리쳤지만 훌쩍

8日 | 등 뒤의 시간들

거리는 우리를 보곤 눈물이 차오르는 듯했다. 우리는 눈물의 염통 꼬치를 먹는 것으로 마지막 목욕탕 데이를 마무리했다.

여름방학 같던 수많은 일요일이 다 지나고 나서야 나는 깨달았다. 매주 내게 찾아와 준 그 소소했던 일상들을, 너무나 당연해서 크게 의미를 두지도 기록도 하지 않았던 그날들을 내가 얼마나 사랑했는지를. 그 시간들이 얼마나 강한 힘으로 나를 지탱해 왔는지를. 그래서 나는 요즘 내 등 뒤에 남을 시간들을 위해 최선을 다하는 중이다. 건강에 좋은 음식들을 챙겨 먹고 맛있는 커피를 마시고 좋아하는 뮤지컬을 여러 번 보기도 하고 매일매일 노래를 부르고 쓴다.

언제고 돌아보면 너무나도 사랑했던 그 시간들이 내

8日

등 뒤의 시간들

게 말을 거는 것만 같다. 요즘 어떻게 지내는지 어떤 게 슬프고 무엇이 나를 웃게 하는지. '할 일은 많은데 하루가 엉망진창이야. 어른이 된 건지 돈 생각을 많이 하지만 고민들은 그때와 다르지 않아.' 라며 소리 없는 말들을 늘어 놓다 보면 나는 또다시 일요일을 맞이한 그때의 소녀처럼 다시 벅차도록 아름다운 계절을, 삶을 날 수 있게 된다. 씩씩하게!

8日 | 등 뒤의 시간들

오늘의 사랑

내 등 뒤에서

내게 열렬히 인사해 주고 있는,

내가 너무도 사랑했던 시간들을 찾아

기억하는 일.

(9日)

나를 사랑하는 일

9日

나를 사랑하는 일

나는 나를 돌본다. 유당을 못 먹는 나에게 유당 분리가 된 우유를 먹이고, 매운 걸 잘 못 먹는 나에게 페페론치노는 조금만 넣는다. 아침부터 혈당을 올리는 음식은 정신과 몸이 모두 힘드니 특별히 신경 쓴다. 들기름을 두른 삶은 계란과 레몬즙을 두른 사과에 땅콩버터를 올려주면 완벽하다. 햇살이 살짝 들어오는 따뜻한 곳에 자리를 잡고 커피를 마신다. 커피는 기분에 따라 그때그때 다르다. 차가운 것과 따뜻한 것을 골라야 할 때는 혀로 치아를 만져 보다 이 녀석들을 위해 빨대를 쓰기로 하고 차가운 것을 주로 마신다. 음악을 듣고 싶을 때보다 책을 읽고 싶을 때가 더 많다. 이럴 때는 귀보다 눈이 좀 더 고생을 해 줘야 한다. 글자를 읽을 때는 내 템포에 맞게 읽을 수 있지만 나와 템포가 다른 음악들은 나를 스쳐지나가 버린다. 면역력과 기분 전환을 위해 샤워를 한다. 샤워하는 시간은 온전

9日 | 나를 사랑하는 일

히 나와의 시간이다. 그래서 샤워하는 시간을 특별히 좋아한다. 취향에 둘러쌓인 책상에 앉으면 엉덩이라도 아플까 방석을 의자에 올린다. 참, 종종 잊어버리는 것이 있는데(오늘도 잊었다.) 중간중간 비타민 같은 영양제를 잘 챙겨야 한다. 그리고 피곤했던 어제의 내가 남겨놓은 일들을 얼른 해버린다. 중간중간 일어나서 스트레칭도 하고 시간을 내서 꼭 산책을 한다.

내가 처음으로 사랑한 것은 나였을 것이다. 곱슬머리에 마른 몸, 특이한 옷 스타일. 겉모습도, 성격도, 왕으로 시작하는 내 이름 앞 글자도 평범하지 않았다. 심지어 관심사까지도. 이를테면 친구들은 아이돌을 좋아했고 나는 미국 락밴드를 좋아했다. 친구들은 시험을 위한 공부를 했고 나는 호기심에 공부를 했다. (부작용: 성적은 잘 안 나온다.) 나를 특이한 애라고 하

9日 나를 사랑하는 일

는 옆 반 애도 있었다. 하지만 오히려 그게 더 좋았다. 내가 특별한 것 같았다. 주변 사람들의 시선보다 내가 원하고 좋아하는 것들에 최선을 다했다. 다 같이 어울려 노는 것도 좋았지만 내가 좋아하는 것들에 열중하는 게 더 좋았다. 특히 나의 다양한 관심사가 모여 있는 도서관에 가서 시간을 보낼 때면 평화로움을 느꼈다. (지금도 지도에 '마음의 안식처'라는 제목의 도서관 리스트가 저장되어 있다. 도서관은 나의 아지트다.)

나는 내 마음을 돌본다. 내 마음의 주체는 항상 내가 되려 노력한다. 혹여 다른 사람으로부터 상처를 받거나 스트레스를 받는 일이 생겨도 금방 나아질 수 있도록 특약 처방을 한다. 산책이나 샤워도 좋은 방법이지만, 다 잊고 집 청소를 하기도 한다. (반대로 집이 계속 깨끗하다는 것은 나의 마음이 다쳤다는 것이다.) 또,

9日 | 나를 사랑하는 일

일기장에 감정을 빼고 일어난 일만 차례대로 써 보는 것이다. 그럼 나에게 일어난 일을 한 발짝 떨어진 시선에서 보게 되고 상황과 그 사람을 이해하게 된다. 마지막으로 장점인지는 모르겠는데 나는 자고 일어나면 모든 감정이 리셋된다. 그래서 안 좋은 감정이 잠들기 전까지 있었어도 아침에는 "좋은 아침!"하며 일어날 수 있다.

9日 | 나를 사랑하는 일

오늘의 사랑

나를 잘 사랑해 왔던 것 같다.

나를 있는 그대로 바라보면서.

그리고 매일 나를 어떻게

더 사랑할지 선택한다.

10日

날씨를 알려 주는 사람:
'란'의 이야기

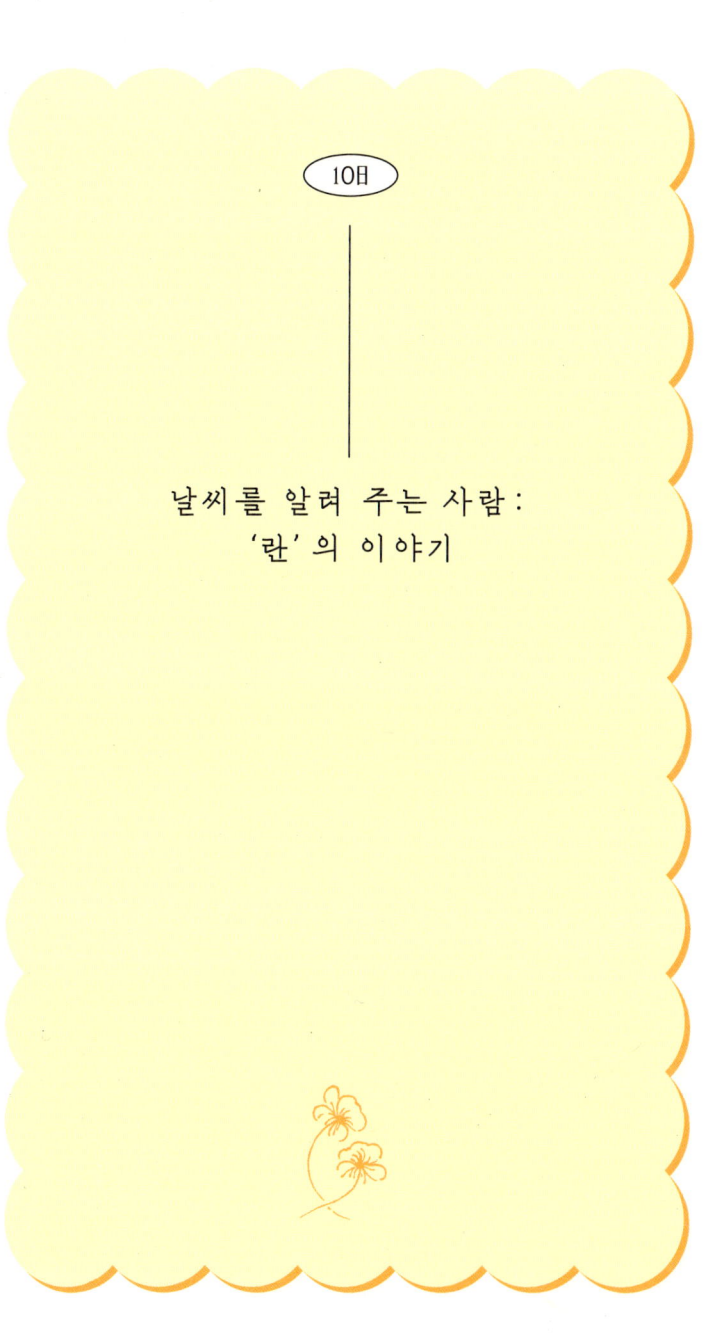

10日 | 날씨를 알려 주는 사람… | '란'의 이야기

사랑에 빠진 란은 종종 아이가 된다. 차분히 앉아 업무를 보다가도 피부가 종이에 살짝 베이기라도 하면 다친 손가락을 머리끝까지 치켜든 채 굳이 그가 있는 자리까지 울먹울먹 달려갔다. 상처의 크기에 비해 과장되었지만 사랑스러운 몸짓으로. 다정한 잔소리와 걱정이 잔뜩 묻은 그 눈빛을 밴드처럼 붙이고 싶었으니까. 그렇게 서로의 어리광을 귀여워하며, 오직 둘만이 알고 있는 모습이 있다는 것에 자부심을 느끼며 두 사람은 연인의 자리를 메꾼다.

란은 매일 아침 부스스 눈을 떠 제일 먼저 핸드폰을 확인한다. 갑자기 너무 밝은 빛을 본 탓에 잔뜩 찌푸려져 있던 두 눈은 날씨를 알려 주는 그의 메시지들에 금방 사르르 녹아 반달 모양으로 휘어진다.

10日 | 날씨를 알려 주는 사람: '란'의 이야기

'오늘 비 온대! 우산 꼭 챙겨.'
'완전 여름 날씨야! 반팔 입어도 되겠다.'

어쩌면 사랑은 날씨를 알려 주고 싶은 마음으로부터 시작되는 것일지도 모른다고 란은 생각한다.

'나 이 노래 들으면서 출근 중.'
'오늘도 샌드위치 먹을 거야?'

창밖을 보지 않고 예보를 찾아보지 않아도 날씨를 알려 주는, 내 하루의 시작을 염려하고 궁금해하는 사람이 있다는 것이 마치 특권처럼 느껴지는 매일 아침.

나를 알아서 내게만 알려 주는 다정한 문장들, 대낮에 침대 위로 떨어지던 별똥별 같은 작은 글자들. 란

10日 | 날씨를 알려 주는 사람… | '란'의 이야기

은 '사랑'을 손에 쥔 듯한 기분을 만끽하며 하루를 시작한다.

란과 그는 서로 흉내 내기를 좋아한다. 흉내라기보다는 서로를 놀리기 위한 장난에 가깝지만 매일같이 그는 란을, 란은 그를 바라봐 온 탓인지 제법 비슷해 보인다. 점점 유치해지는 표정을 보며 웃다가 서로의 웃는 얼굴이 웃기다며 깔깔거리다가 란은 문득 '행복'을 깨닫는다. 간혹 무릎을 '탁' 치며 "나 진짜 너 좋아!"라거나 "너무 행복해!"라고 소리치고 싶은 충동에 휩싸이기도 한다.

란은 정말이지 그가 못 견디게 귀엽다. 거의 매일을 입고 다니는 애착 티셔츠에서 나는 냄새도 귀엽고 재미없는 농담을 하고 혼자만 내뱉는 웃음소리도 귀엽다.

10日 | 날씨를 알려 주는 사람: '란'의 이야기

가끔 화가 난 란에게 항변을 늘어놓는 한껏 작아진 목소리도 귀엽고, 편식하는 그에게 나물 반찬을 놓아 주면 인상을 잔뜩 찌푸린 채 오물오물 씹어먹는 모습도 귀엽다. '귀엽다!'는 말을 달고 사는 란에게 뭐가 그렇게 다 귀엽냐며 툴툴거리는 그의 모습조차 귀엽게만 느껴지는 란은 혼자 길을 걷다가도 피식피식 새어 나오는 이 마음을 멈출 길이 없다. 하루 내내 란의 기분을 보살피는 바쁜 눈동자와 란에 대해 여전히 궁금한 게 많은 물음표를 띄운 목소리. 그 모든 동작들이 사랑스럽고 고마우니까.

이따금 란의 감정은 '왜 나를 사랑해 주지 않나요.'와 '당신은 누구시길래 이토록 나를 사랑해 주시나요.' 같은 질문들을 분주히 오가며 널뛰기하듯 오르락내리락한다. 사랑을 하고 사랑을 받는다는 것은 어

| 10日 | 날씨를 알려 주는 사람: '란'의 이야기 |

쩐지 자꾸 아이가 되는 것만 같아서 편애를 바라고 떼를 쓰고 온갖 이해를 바란다. 지금 당장 나를 보러 오라고 울어 버리기도 하는 철부지 같은 자신의 모습이 조금은 낯설고 부끄럽지만 그에겐 이런 나를 보여도 괜찮을 것 같은 기분. 아니 어쩌면 조금은 보여 주고 싶은 기분으로.

란은 자신의 청춘을 그의 이름으로 정의 내린다. 겁도 없이 삶의 한가운데까지 깊게 새겨 놓은 그의 말들과 너무도 닮아 버린 둘만의 언어와 서로의 앞에서 기꺼이 부서지던 둘의 잔해들. 란은 그런 사랑을 한다. 매일 그에게 날씨를 알려 주고 싶은 부푼 기대들로, 또 그가 알려 주는 예보로 하루가 시작되는 기쁨으로.

10日 | 날씨를 알려 주는 사람… '란'의 이야기

오늘의 사랑

사랑은 어쩌면, 누군가의 아침에

날씨를 알려 주고 싶은 마음으로

시작되는 걸까?

11日

문득

11日 | 문득

눈앞에 시간이 어른거리다 사라지고
나란히 뻗은 스무 개의 발가락을 바라보며 문득
우리는 미래에 대해 이야기한다.

건강을 걱정하는 말투로
너무 달기만 한 파르페를 나눠 마시면서
서로의 흰머리를 잘라 주면서
영원을 믿고 시간을 낭비하면서.

네 이름을 부른 흔적이
입가에 달큰하게 남아서 문득

11日 | 문득

잘 자라자 우리
서로의 약점을 비밀스레 나눠 지고
닳지 않을 노래를
흥얼거리면서
둘만의 유행어로 지은 시를
읊조리면서.

네가 가진 눈부심이
내게도 있다는
착각을 끌어안고서.

11日

문득

오늘의 사랑

사랑이라는 말 없이도

내내 사랑을 전하고 있어.

12日

이것도 사랑일까?

12日 | 이것도 사랑일까?

어떤 곡이었는지 지금은 기억나지 않지만, 하루 종일 한 곡을 반복 재생할 만큼 푹 빠져 있던 곡이 있었다. 그 곡에 대해 더 알고 싶어 인터넷에 검색하던 중, 우연히 한 블로그를 발견했다. 그 곡에 대한 정보가 흔하지 않아서 더 반가웠다. 같은 곡을 좋아하는 것부터 취향이 비슷해서 그랬는지, 특이한 말투 때문이었는지 습관처럼 그 블로그를 자꾸 찾게 되었다. 모든 글을 정주행하고 나니, 어느새 새 글이 올라오길 기다리고 있었다.

그 블로그의 주인은 많은 걸 글로 표현했다. 오늘 아침 6시에 요가를 끝내고 마신 차 이름이라든지, 사회적 문제에 대한 견해라든지, 지난 사랑 이야기 같은 것 말이다. 직접 대화를 해 본 적은 없지만 이미 친구가 된 기분이었다. 하지만 정작 그 사람의 이름도, 나이도, 심

12日 이것도 사랑일까?

지어 성별도 가늠할 수 없었다. 일부러 드러내지 않는 것 같았는데 그래서 더 신비로웠고 빠져들었다. 어느새 그가 기쁘면 나도 기뻤고, 부당한 일을 당했을 때면 내가 편들어 주고 싶어질 정도였다.

그 사람이 쓰는 단어와 문장들이 내 일상 속을 파고들었다. 뭐였을까. 중독이었을까. 사람에게도 중독되었다는 표현을 썼던가. 글을 더 보고 싶었고, 더 알고 싶었다. 이 궁금함이 팬심인지 그 사람을 좋아하게 된 건지는 생각해 보지 않았다. 그냥 원했다. 이렇게 글만 보고도 사랑에 빠질 수 있을까.

12日 | 이것도 사랑일까?

오늘의 사랑

그 블로그의 근황은 더 이상 알 수 없다.
어느 날 평소처럼 글을 보러 갔을 때,
그곳엔 모든 글이 사라져 있었다.

13日

나의 우주, 첫사랑

13日 | 나의 우주, 첫사랑

첫사랑을 얘기할 때 떠오르는 몇 개의 장면들이 있다.

중학생이 된 내가 상가에서 같은 반 남학생을 마주쳤을 때 이상하리만치 심장이 빠르게 뛰고 빨개진 얼굴을 숨기느라 분주한 걸음을 옮겼을 때인지, 텔레비전 속 아이돌 가수를 온종일 찾아보며 꼬깃꼬깃 아껴둔 용돈을 탈탈 털어 가수의 사진과 CD를 사 모았을 때인지. 좋아한다고 말하지 못해 괜히 그 사람을 미워하던 나인지, 아니면 처음으로 내가 아닌 누군가의 행복을 빌며 울던 때의 나인지.

고민해 보아도 확실히 사랑에 대한 나의 첫 기억은 '아빠'다. 왜 나와 결혼하지 않고 엄마랑 했냐고 떼를 쓰던 어린 나, 부모님 사이에 꼬깃꼬깃 몸을 구겨가며 기어이 비집고 들어가 앉던 나와 지방 근무로 주말에

13日

나의 우주, 첫사랑

만 집에 오던 아빠가 보고 싶어 책상 밑에 들어가 훌쩍이던 나. 차에서 잠들면 나를 안아 올려 집에 들어가던 아빠의 품이 좋아서 속눈썹이 바들바들 떨리도록 눈을 꼭 감고 잠든 척하던 나와 귀여운 딸의 어설픈 연기를 모른 척해 주던 나지막한 웃음소리까지.

(아주 약간) 배가 나온 아빠를 '복어'라고 놀리던 짓궂은 삼촌에게 "우리 아빠 복어 아니고 날씬한 멸치거든!" 하며 맞서던 귀여운 아이는 아빠의 복부 비만을 걱정하는 잔소리 많은 딸내미가 되었다. 귀찮을 정도로 아빠만 찾아대던 게 언제였냐는 듯 심심해 하는 아빠를 뒤로하고 쌩하게 나가 버린 주말만큼, 일기장에 쌓여 가는 비밀만큼 시간을 먹은 내 사랑의 형태는 조금씩 바뀌었다. 그런 내게 아빠는 이따금 "나도 너희 엄마가 제일 좋거든." 하며 눈을 흘기곤 했다.

13日 | 나의 우주, 첫사랑

아빠는 자칭 '언어의 연금술사'로서 실없는 소리와 농담들로 가족들의 놀림을 받기 일쑤였지만 오빠와 내가 인생에서 나름의 좌절과 방황을 겪고 방 안에서 훌쩍거리고 있을 때면 조용히 다가와 등을 두드리며 언제나 여기에 아빠가 있으니 언제든 뒤를 돌아보라고 낮은 소리로 말해 주곤 했다. 아빠의 그 두툼한 손은 내 언저리 몇 평을 가득 채운 안전 매트 같아서 그 안에서 나는 마음껏 주저앉을 수 있었다.

꿈을 향해 가겠다며 독립을 선언하고 집을 떠난 십여 년의 시간 동안 나는 이 선택이 아니었더라면 절대 느끼지 못했을 행복과 불안과 좌절을 여러 번 겪어내야 했다. 그 긴 시간 동안 아빠는 가끔 '냉장고에 니 좋아하는 소고기 있다.'라거나 '방 치워 놓으까.' 같은 싱거운 문자를 보내 놓거나 술에 취한 말투로 "누가 힘들

13日

나의 우주, 첫사랑

게 하면 다 때려치우고 집으로 온나." 하고 느릿느릿 말하고는 했는데 아무것도 내게 묻지는 않았지만 "알제? 알겠제?" 하며 재차 확인하고는 했다. 들키고 싶지 않던 내 어설픈 '척'들을 아빠는 다 알고 있었던 것이다. 내 불행을 아빠만은 몰랐으면 했다. 내 작은 울음에도 허우적댈 아빠를 알기에 언제나 사랑스럽고 밝게 함께 장난치며 웃는 막내딸이고만 싶었다. 그게 내 최선의 사랑이었으니까. 아빠가 오래 고민하고 보낸 장난 섞인 문자들과 느리게 뱉어 내던 말들은 아빠가 그때 내게 줄 수 있는 최선의 사랑이었다는 것을 안다.

아무리 못난 나라도 돌아갈 곳이 있다는 커다란 안도. 내게 평화를 주고 안정을 건네는, 무한한 사랑을 믿게 만드는 그 두툼한 손의 다독임과 다정한 음성. 작은 내 등을 두드려 주던, 내게는 세상 무엇보다도 커다란 나

13日 | 나의 우주, 첫사랑

의 첫사랑은 이제 딸 바보가 아닌 손녀 바보가 되어 여전히 실없는 우스갯소리들로 나를 놀리곤 하지만 나는 사실 그런 아빠의 모습을 가장 사랑한다.

13日 | 나의 우주, 첫사랑

오늘의 사랑

영원한 나의 우주.

나의 첫사랑, 우리 아빠.

14日

내가 사랑하는 시간 1 : 오늘도 걸었다

14日 | 내가 사랑하는 시간 1.. 오늘도 걸었다

나의 '걷기의 역사'는 일주일 용돈이 1,000원이던 시절로 거슬러 올라간다. 학교가 끝나면 학교 옆 2층짜리 상가에 있던 피아노 학원에 다녔는데, 원장님의 권유로 일요일이면 교회에 갔다. 일요일 오전 텔레비전에서 해주는 만화를 뒤로한 채 교회 버스를 타고 20분에서 30분 정도 달려서 낯선 동네에 도착했다. 그 동네에서 유일하게 익숙한 건 교회밖에 없었다. 어느 날, 평소처럼 예배를 끝내고 나왔는데 집으로 돌아가는 버스는 이미 떠난 후였다. 무슨 생각이었는지 주변 어른들에게 도움을 청하지도 않고, 2살 어린 개구쟁이 동생을 데리고 집을 향해 다짜고짜 걸었다. 평소 버스 창밖으로 보던 풍경을 기억해 항상 다니던 길을 똑같이 걸었다. 내리막길을 지나 굴다리를 건너, 큰길에서 앞으로 쭉 가다가 사거리에서 꺾어 우리 동네로 들어오는 길. 다행히 아무 일 없이 무사히 집에 도착했다.

14日 | 내가 사랑하는 시간1.. 오늘도 걸었다

엄마, 아빠는 경악했다. 하지만 나는 그 일로 내 몸을 내가 원하는 대로 움직여 원하는 것을 얻는 경험을 했다. 그 성취감은 오래갔다.

못 견디게 행복하면 걸었다.

좋아하던 가수와 협업하게 되었을 때도 나만의 작은 축하 파티처럼 걸었고, 가까운 이들의 무사가 이기적인 행복인 것 같아 혼자만 간직하려 아무 일도 없었던 것처럼 걸었다. 걷지 않으면 이름 모를 죄책감이 생기는 것 같았다. 아마 나는 걸으면서 들뜬 마음을 가라앉히고 일상을 잘 유지하려고 한 것 같다. 어떨 때는 행복해서 걷는 건지, 걸어서 행복한 건지 헷갈리기도 했다.

머리가 복잡하면 걸었다.

14日 | 내가 사랑하는 시간 I .. 오늘도 걸었다

무작정 걷는다. 목적지는 없다. 오늘의 냄새도 맡고, 구름의 모양도 보고, 계절을 느끼면서 발걸음이 가는 대로 걷는다. 많이 걸을수록 혜택이 있는 앱처럼 10,000보 걸으면 고민하던 일이 말끔히 해결되면 좋겠다는 생각도 한다. 최근 몇 달은 마음이 복잡해서 걸음이 느렸다. 바뀐 환경에도 적응해야 했고, 새로 도전하는 일들이 어쩌면 내 능력 밖의 일은 아닐까 하고 심란했다. 잘하고 있다고 생각했는데 어쩌면 버거웠던 것 같다. 걱정거리들이 내 산책 친구가 되어 함께 걸었다. 한참을 천천히 걷다 보니 이리저리 얽혀 있던 일들이 하나씩 선명해지고 내가 할 수 있는 일과 어쩌면 욕심이었던 일, 해야 할 일들이 분명해졌다. 마침내 포기할 용기와 계속할 용기를 가지게 되었다.

14 日 | 내가 사랑하는 시간 1.. | 오늘도 걸었다

오늘의 사랑

걸음으로 내 안의 평화를 지키는 일의

태엽을 감는다.

15日

사랑의 정의

15日

사랑의 정의

내가 '사랑의 정의'를 생각해 보게 된 건 스무 살, 갓 대학생이 됐을 무렵이었는데 어떤 수업 중에 '사랑이란 무엇인가'에 대한 과제가 있었기 때문이다. 그때 '사랑'이 '무엇'이 되는 것에 대해 처음 생각해 본 것 같다. 수업 중에는 아무런 결론도 내지 못했다가 곰곰이 그 '무엇'에 대해 생각해 보니 스무 살 내게 사랑은 '거울' 같다고 적어 과제를 제출했다. 문득 거울을 보고 뭘 묻히고 있거나 립스틱이 번진 나를 발견하고 소스라치며 놀라게 되는 것처럼.

질투에 절절매다 화까지 내는 나, 못 견디게 사랑스러운 사랑에 빠진 나, 좋아하는 사람에게 관심 받지 못해 기가 죽은 초라한 나를 사랑을 통해 발견하게 되었으니까.

15日

사랑의 정의

내가 누군가를 사랑할 때 어떤 사람이 되는지에 대해 어렴풋이 알게 되었을 때에는 사랑이 마치 '바람' 같다고 생각했다. 피할 새도 피할 곳도 없이 어디인지도 모르는 곳에서 시작되는 그 마음을 온몸으로 맞아 내야만 한다는 것과 대단한 존재감으로 나를 다 헝클어뜨리고 언제 그랬냐는 듯 엉망이 된 나를 두고 홀연히 사라져 버리기도 하는 게 닮았다고 생각했기 때문이다. 어떤 모양이라도 전부 껴안아 주겠다며 장렬하게 팔을 뻗어도 내 품엔 아무것도 남지 않는다는 점 또한……

최근에 나는 '사랑에 어떤 정의를 내릴 수 있을까' 하고 이런저런 생각을 떠올려 보던 중에 부모님과 경주 여행을 가게 되었다. 추운 날씨에 몸을 녹이러 들어간 카페에서 경주에만 있다는 무덤 모양의 대릉원 타르트와 세트로 함께 나온 삽 모양의 스푼을 들고 꼭 무덤

15日

사랑의 정의

을 파는 것 같다며 "파묘다 파묘!" 하며 신난 엄마를 웃으며 바라보는 아빠를 보다 나는 "사랑이 뭐라고 생각해?"라고 물었다. 아빠는 곧장 '보고파 하는 그 마음을 그리움이라 하면 잊고자 하는 그 마음은 사랑이라 말하리~' 라는 가사의 노래를(가수 장은숙의 <사랑>이라는 노래였다.) 부르고, "사랑이란 이런 것이다." 하며 장난스럽게 웃었다.

그때는 아빠가 자꾸만 노래를 부르는 바람에 엄마의 대답은 제대로 듣지 못했었는데 며칠 후, 엄마에게서 온 문자에는 '사랑은 나보다 상대가 중심이다.' 라고 적혀 있었다. 나는 그 한 줄의 문자를 조금 복잡한 심경으로 얼마간 바라보았다. 사랑에 대해 이야기하는 엄마의 중심에는 언제나 오빠와 내가 있기 때문이다. 아니 자식들뿐이라는 표현이 더 정확하겠다.

15日

사랑의 정의

왜 부모의 사랑은 하필 '희생'의 형태일까. 실은 알고 있다. 내가 짊어져야 할 무게들을 기어이 나누어 지려 자신을 돌보는 일은 까맣게 잊어버린 부모님의 수많은 아침과 밤을. 자식을 향한 사랑은 어쩌면 '다 주고 싶다'는 마음보단 그럴 수밖에 없는 간절함이기 때문일까.

요즘 나는 사랑하는 존재들의 '죽음'에 대해 자주 생각하곤 한다. 부모님과 내 고양이와 애인, 친구. 윤은 (어떤 뇌과학자의 말에 근거해) 그건 내가 그들을 너무나 사랑하기 때문이라고. 그들의 부재를 견디지 못할 내게 그 슬픔을 짐작하게 함으로 내 뇌가 나를 보호하는 것이라고 알려 주었다.

15日 | 사랑의 정의

오늘의 사랑

아, 나로 하여금
죽음을 떠올리게 하는 존재가
내가 너무나 사랑해 마지않는
것들이구나. 그렇다면 사랑은
왜 이토록 혹독한 거야?

16日

들키고 싶은 마음을
최선을 다해 숨기기

16日 | 최선을 다해 숨기기
들키고 싶은 마음을

소녀는 핸드폰을 붙들고 침대에 누워 이 말 저 말 썼다 지우기를 반복하다 겨우 보낸 문자가 위트도 센스도 없는 것 같아 발을 동동 구르며 후회한다. '어떻게 이어진 연락인데 이대로 끊기면 안 되는데.' 궁금한 게 너무 많지만 어디까지 물어봐도 될지 모르겠고 자꾸만 나에 대해 말해 주고 싶고. 주절주절 늘어놓은 말들이 금세 부끄러워져 몸서리치다가 울리는 답장 소리에 금방 들뜨는 기분. 아침이 오면 또 그를 볼 수 있다는 사실에 두근거리는 마음을 끌어안고 잠에 든다.

시작은 단순한 마음이었다. 사랑이라는 걸 깨닫게 되는 일은 언제나 이렇게 갑작스럽다는 것을 그때는 알지 못한다. 소녀는 그가 입을 살짝 벌릴 때마다 자그맣게 보이는 앞니 두 개가 토끼를 닮았다고 생각하다가, 가만히 앉아 있을 때 발을 까딱거리는 박자를 면

| 16日 | 최선을 다해 숨기기 | 들키고 싶은 마음을 |

밀히 관찰하다가, 웃을 때마다 코를 찡긋거리는 습관을 슬쩍 따라 해 보다가 문득 깨달았다. 이미 돌이킬 수 없이 커져 버린 마음을. 드라마 속 사랑은 다 예쁘고 설레기만 하던데 속수무책 빠져 버려 허우적대는 모습은 어쩐지 한심하고 초라하다.

사랑에 빠진 소녀는 자신의 모습이 얼마나 사랑스러운지 조금도 알지 못한다. 온 신경이 '들키지 않기'에 맞춰져 있었기 때문이다. 쿨하게 덤덤히, 어색하지 않게 너무 좋아하는 마음이 티 나지 않도록 보이는 것에만 곤두선 감각들은 자연스럽게 걷는 법도 웃는 법도 잊게 만든 것만 같다.

큰 맘 먹고 산 비싼 블라우스와 퍼스널 컬러를 따져 가며 신중하게 고른 립스틱, 거울을 보며 연습한 예쁜 표

16日	최선을 다해 숨기기 들키고 싶은 마음을

정들이 각자의 역할을 잘 수행했는지 알 길이 없다. 아니 그 애가 이런 내 노력을 알기는 할까. 애써 마음을 눌러 내느라 녹초가 되어 집으로 돌아온 소녀는 신에게 구걸한다. '그 애가 아주아주 이상한 애였으면 좋겠어요! 저만 그 애를 이해할 수 있도록 말이에요.' 이 이상한 기도를, 이토록 간절한 헛소리를 오래도 외쳐 본다. '바랄수록 그 애는 환해지고 그 환한 빛에 이끌린 온갖 종류의 인간들이 그 애의 주변을 서성일 텐데.' 마음속 시시한 불안들이, 종잡을 수 없는 고백들이 근처를 맴돈다. 추리고 추린 질문들에 대한 답을 기다리면서 잔뜩 상기된 두 뺨 위에 팩을 붙이고 알 수 없는 두근거림을 만끽한다. 어쨌거나 내일이 기대되고 아침이 기다려지니까.

내일은 티 나게 사랑해 볼까 잠깐 생각한다. 단순하게

16日 | 최선을 다해 숨기기 | 들키고 싶은 마음을

시작된 처음 그 마음처럼.
그러다 작은 한숨과 함께 잠이 든다.
"내일 봐." 하고 중얼거리면서.

16日

최선을 다해 숨기기

들키고 싶은 마음을

오늘의 사랑

짝사랑은 이상해요.

나조차도 내가 이해되지 않지만

어쩔 수가 없어요.

내일은 신이 내 간절한 헛소리를

들어주실까요?

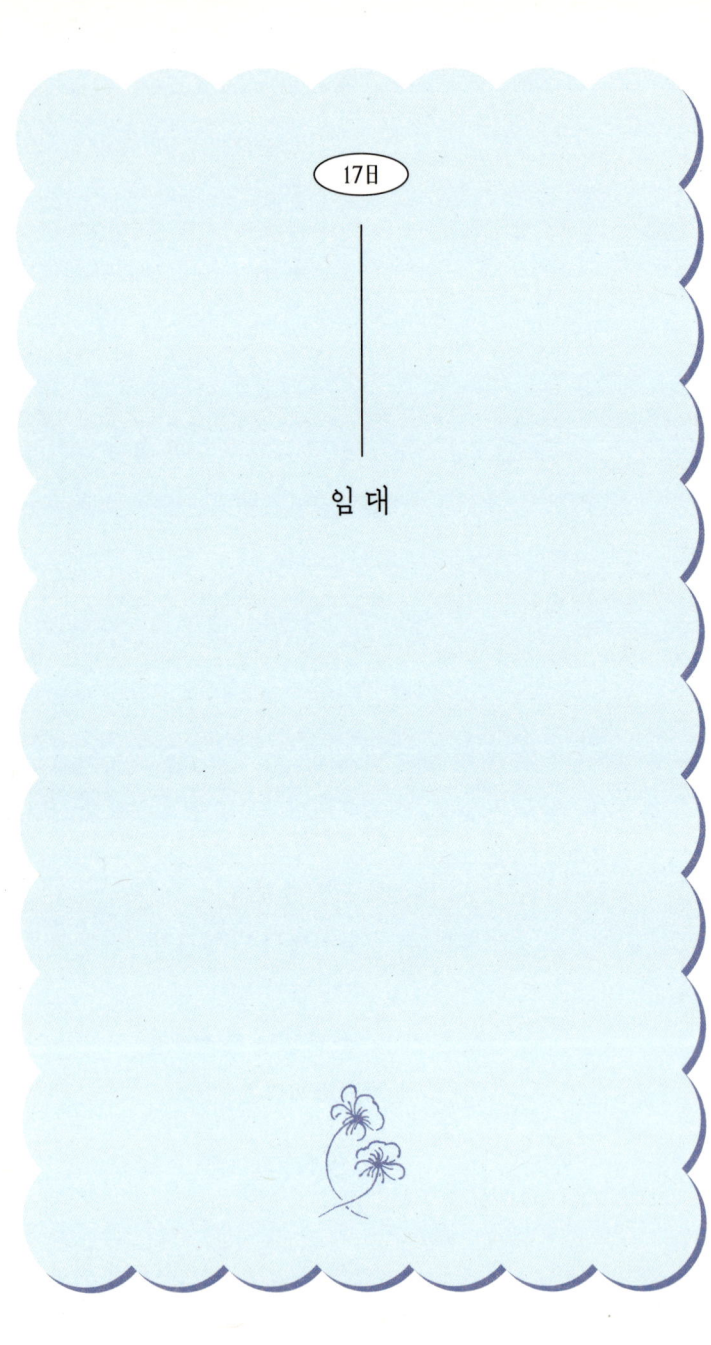

17日

임대

17日

임대

상가 유리창 가운데에 또 '임대'라는 글자가 붙었다. 매운 멸치와 참치가 들어간 김밥이 맛있는 집이었는데. 그 앞에 서서 예전 모습을 떠올리며, 자주 앉던 자리와 서서 기다리던 곳을 바라보았다. 문 앞에는 주인을 찾아가지 못한 각종 고지서들만 떨어져 있었다. 가게 안은 텅 비어 있었다. 씁쓸하다가 곧 쓸쓸해졌다.

언제 없어진 거지? 언제부터였을까. 빈 공간에 사람을 찾는 저곳을 보니, 꼭 내 마음의 방 같았다.

이들은 왔다가 간다. 어떨 때는 카페의 모양으로 어떨 때는 샌드위치 가게의 모양으로. 내가 공간을 비워달라고 하지 않아도 스스로 떠나기도 한다. 저번 그는 임대가 아니라 소유하겠다는 약속을 했다. 뭐, 정확하게 계약서를 쓴 것이 아니라 따져 물을 수도 없는

17
日

임
대

노릇이다. 그가 한 모든 약속들은 한마디의 말로 물거품이 되었다. 물거품이라니. 물거품은 인어공주의 비극적이지만 아름다운 사랑의 상징인데. 그는 언제부터 짐을 빼려고 생각했던 걸까. 내가 보기엔 완벽했는데. 밖에서는 알아차리지 못할 곳의 짐을 조금씩 빼고 있었나 보다. 나에게 나간다는 말을 할 때는 이미 아무것도 남아 있지 않았다. 처음에는 내가 내준 공간들이 잘못됐는지 둘러보았다. '물이 새나. 아, 문이 너무 얇아서 너무 추웠나. 좁아서 더 넓은 데로 가려는 건가. 아, 어쩌면 처음부터 여기를 원치 않았던 건 아닐까.' 이런저런 생각으로 미간에는 주름이 생겼다. 밤에는 잠을 못 이뤘다. 그런데 생각해 보니 조금 화가 난다. 오래 있을 거라는 말에 리모델링도 해줬는데 말이다. 언제부터 잘못된 거였을까. 어쩌면 내가 신경 쓰지 못한 다른 이유가 있었던 걸까. 다시 가서 더

17
日

임
대

좋은 조건을 얘기해 볼까. 아니다, 이미 짐도 다 뺐는 걸. 아무것도 남아 있지 않다. 신경 쓰지 않는 척 신경을 쓰며 또 다른 세입자를 기다린다.

17日

임대

오늘의 사랑

사랑의 또 다른 이름은

어쩌면……기다림.

세호

18日

바람
Wish

18日

바
람
Wish

안녕 잘 지내?
나는 여행 중이야.

고작 이 두 줄을 쓰고 한참을 창밖만 바라보았어.

나는 매일 사랑을 하는데, 사랑 안에 사는데 막상 사랑에 대해 쓰려니 머릿속이 온통 백지야.

컨디션 난조를 핑계 삼아 미루고 미루다 여기까지 끌어안고 왔는데 낯선 도시의 귀엽고 아기자기한 것들로 가득한 이 카페에서도 역시 잘 써지지 않네. 시끄럽기도 하고……. 너무 핫한 카페를 골랐나 봐.

그때 끊어진 가방끈 있잖아, 그거 아직도 안 고쳤어. 가끔 그 가방이 들고 싶은데 물건을 한참 넣고 나가려

18日

바람 Wish

고 보면 가방끈이 달랑달랑하거든. 그러면 손수 바느질을 해주겠다며 반짇고리를 찾아다니던 네가 생각나서 피식피식 웃음이 나. 커피도 못 줄였어. 얼음이 녹으며 달그락 소리를 낼 땐, 따뜻하게 좀 마시라던 그 잔소리가 들리는 것 같아 괜히 주위를 살피기도 해.

사랑은 언제나 온풍이라고만 생각했는데 네가 없는 그 겨울의 바람은 피부에 스치기만 해도 쓰라릴 만큼 칼바람이더라고. 피할 곳을 찾을 새도 없이 온몸으로 그 바람을 다 맞아내야 했고, 그래서 아팠고 자주 울었어. 그래도 나는 기꺼이, 그리고 열심히 견디고 싶었어. 하나도 놓치고 싶지 않아서 눈도 제대로 못 뜬 채로 콧구멍이 찬바람으로 가득 차도 코트 깃을 꼭 여미고 가만히 서 있었지. 그렇게 다 견디고 나면 그 바람이 내 소원을 잔뜩 묻힌 채 너에게 가 닿을 줄 알았거든.

18日

바람
Wish

잔뜩 헝클어진 채로 나는 겨울을 났어. 같이 먹자고 약속했던 따뜻한 소바를 먹을 때, 너무 추운 겨울 날씨에 걸음을 재촉할 때, 귀여운 고양이가 그려진 양말을 쇼핑하고 오들오들 떨며 아이스크림을 먹을 때도 자꾸만 불어왔어. 평범한 풍경은 영원이 되었지, 자꾸만.

그 겨울의 바람은 뭐였어?
다 너였어?

18 日 | 바람 Wish

오늘의 사랑

그댄 바람처럼 불어와

그렇게 닿아 오네요.

내게 사랑이라는 걸

다 설명해 주는 듯 그대.

19日

내가 사랑하는 시간 2:
의식의 흐름 같지만

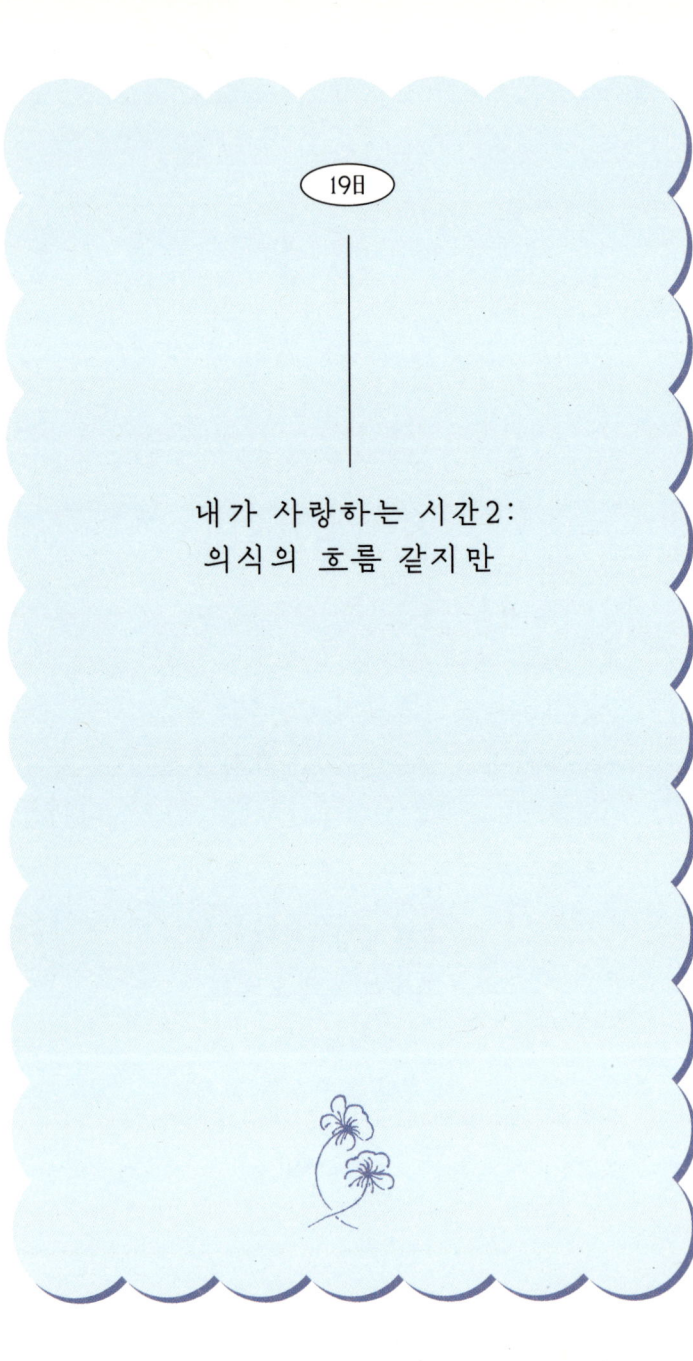

19日 | 내가 사랑하는 시간 2 ·· 의식의 흐름 같지만

몇 달 동안 차가 말썽이었다. 여느 때처럼 차를 타려 했는데 문손잡이가 반쯤 뜯겨져 있었다. 자동차 센터 직원들은 친절하게 수리 과정과 수리비를 알려 주었다. 수리비는 친절하지 않았다. 그래서 아직 떨어지지 않은 쪽을 고정해 반대쪽을 누르면서 살살 여는 '지렛대의 원리'를 이용해 고장난 손잡이를 얼렁뚱땅 여닫고 지냈다. 그렇게 아무렇지 않은 척 지냈는데 또 간헐적으로 시동이 안 걸렸다. 다시 센터에 방문했고 이번에는 자동차 증발 가스와 관련된 캐니스터 고장인 것을 알게 되었다. 일단은 고치지 않고 다녔다. 고장난 것들은 우연히라도 나아지지 않고 더 나빠지기만 했다. 그 후 전조등이 나갔고, 툭하면 방전이 됐다.

문제가 한두 가지가 아닌 게 무릎도, 허리도 아픈 내 몸 같았다. 심지어 처음 들어보는 자동차 용어라든지,

19日 | 내가 사랑하는 시간 2.. | 의식의 흐름 같지만

하나를 고치는데 그 주변 멀쩡한 것까지 같이 갈아야 한다는 것도 이해가 되지 않았다. 수리비는 수리비대로 부담스럽고 정비를 받으러 왔다갔다하는 것도 점점 지쳤다. 하지만 동시에 차가 더 고장날까 봐 걱정되기도 하고 운행 중에 위험한 상황이 생길까 봐 겁나기도 했다. 그러다가 문득 궁금해졌다. 자동차가 어떤 원리로 어떻게 움직이고 무슨 이유 때문에 고장이 났는지.

집으로 돌아와서 곧장 온라인 자동차 정비 수업을 등록했다. 즉흥적인 결정 같았지만 기술을 배우고 싶은 열망이 항상 있었기 때문에 수월했다. 새로운 세상을 알게 되는 순간은 언제나 두근거린다. 처음 접하는 생소한 내용들은 마치 초대받지 못한 곳에 간 느낌이었다. 하지만 수업은 흥미로웠고, 괜히 내 차 보닛을 열어 보기도 했다. 중간중간 시험도 통과하면서 4주간

19日 | 내가 사랑하는 시간 2 ‥ 의식의 흐름 같지만

의 수업을 끝냈다. 드디어 내 차의 문제를 이해했다.

이것이 내가 취미를 가지게 되는 의식의 흐름이다. 보통은 더 발랄한 이유가 대부분이지만! 스페인 여행을 위해 스페인어 공부를 했고, 스페인에서는 중국인들이 중국어로 말을 걸어와 한국으로 돌아와서 곧바로 중국어 공부를 시작했다. (현재 진행형이다.) 취미는 나에게 활력 그 이상을 준다. 나의 세계가 넓어지는 경험을 한다. 수영을 배우고는 본능적인 살고자 하는 의지의 각성은 물론이고, 물 아래의 세상까지 간접적으로 체험해 볼 수 있었다. 4년 전부터는 필요한 앱을 직접 만들고 싶어서 코딩을 공부하기 시작했다. 코딩은 의외로 내 적성에 너무 잘 맞아서 어쩌면 내가 직업을 잘못 선택한 게 아닐까 생각할 정도였다. (다행히도 곡 작업을 시작하자마자 '역시 음악할 때 제일 행복하

| 19日 | 내가 사랑하는 시간 2.. 의식의 흐름 같지만

구나'를 깨달았다.) 코딩은 꽤 진지해져서 민혁이(동생이자 현직 개발자)의 도움을 받아 여러 가지 프로젝트에 도전해 보는 중이다. 코딩을 알고는 세상이 돌아가는 것 자체가 코드처럼 느껴진다. 사람도, 사랑도.

19日 | 내가 사랑하는 시간 2.. 의식의 흐름 같지만

오늘의 사랑

내가 사랑하는 내 취미는

내가 살아가는 내 힘이다.

20日

척

20日

척

나는 조용히 깨트려졌다.
아무도 몰랐으면 했어.

내가 어떤 파편들에
다치고 있는지.
또 그게 네게 어떤 상처를 낼지.

젖은 휴지로 온몸을 둥그렇게 말고서
생채기들을 돌보지 않은 채로.

어떤 선의도 어떤 위로도
네게는 받고 싶지 않았어.
그냥 다 주고 싶었지.

20日

척

내가 가진 가장 반짝이는 상상들을,
가장 둥그런 조각들을.

자꾸자꾸 나를 들여다보는 너는
눈을 감은 채야.
아무것도 보이지 않는다는 듯이.

내게 속아 주려는 거지.
못 본 척하려는 거지.

나는 여기
거칠고 불투명한 과정 안에
홀로 서 있는 법을 배우는 중이야.

너를 너무나 사랑하니까.

20 日 | 척

오늘의 사랑

어쩌면 내 삶에 최선을 다하는 것이
너를 사랑하는 방법인 것도 같아서.

21日

나의 첫 세상

21日

나의 첫 세상

큰 울음을 터뜨리며 마주한 나의 첫 세상.

그녀의 걸음걸이와 웃는 모양과 말투와 시선들을 쫓아 배우고 흉내 내 온 나는 자랄수록 점점 더 엄마를 닮아간다.

어린 내 눈에 비친 엄마는 나른한 오후면 언제나 소파에 비스듬히 기대어 책을 읽는 모습이었다. 엄마는 어른이니까 텔레비전을 마음껏 볼 수 있는데 왜 굳이 책을 읽는 것인지 궁금해하는 어린 딸에게 "엄마가 사실은 작가가 되고 싶었거든." 하고 말해 주던 다정한 목소리, 그리고 나른해진 눈꺼풀을 간신히 올리던 나. 엔틱한 무드의 예쁜 잔에는 늘 김이 모락모락 나는 따뜻한 커피가 담겨 있었고, 햇빛에 반사된 엄마의 안경이 이따금 반짝거리며 빛을 냈다.

21
日

나의 첫 세상

오빠와 내가 청소년이 되어 본격적으로 학원을 다니며 공부를 시작할 즈음부터 엄마는 늘 바빴다. 체력을 기를 틈도 없이 맞벌이를 시작했고, 퇴근 후 저녁을 먹으면 소파에 기절하듯 누워 잠에 빠졌다. 텔레비전에서 흘러나오는 왁자지껄 떠들며 웃는 소리와 엄마가 피곤한 숨을 내쉬는 소리가 뒤섞여 밤을 채우곤 했다.

요즘 엄마를 보는 나는 감히 기특하다는 생각을 한다. 동년배 친구들보다 인터넷 사용을 잘하고 여전히 공부를 하며 강의를 듣는 엄마. 타고나길 겁 많고 보수적인 성격이지만 시대의 변화에 적응하려 노력하는 엄마. 엄마 몰래 팔에 타투를 하고 온 내게 속상한 마음에 덜컥 화를 냈지만 금세 다시 전화를 걸어 "니가 이거 하고 기분 좋았을 텐데 엄마가 망쳐서 미안하다. 엄마가 옛날 사람이라 이해는 잘 안 가는데 노력해 볼게."라

21日

나의 첫 세상

며 사과한 일은 내 큰 자랑거리다.

가끔 엄마는 잘 익은 과일 같다. '너 과일 좋아하잖아.'로 시작되는 메시지와 함께 서울로 올라온 십여 년의 시간 동안 제철 과일들이 자꾸만 집으로 오고 있기 때문이다. 딸기, 귤, 수박, 복숭아, 샤인머스캣, 토마토……. 그렇게 계절마다 엄마는 내게로 자꾸 오니까.

어렸을 때 나는 엄마 같은 여인이 되고 싶었다. 엄마가 하는 건 다 예뻐 보였다. 안경을 고쳐 쓰고 따뜻한 커피를 마시며 책을 읽는 우리 엄마. 옷장에 걸려 있는 엄마의 투피스를 몰래 입어 보다 들킨 적도 있었다. 지금은 구부정한 자세로 앉아 있는 엄마의 어깨를 당기며 잔소리를 하고 밥 먹고 자꾸만 누우려는 엄마를 일으키며 성난 숨을 내쉬고 있지만, 여전히 나는

21
日

나의 첫 세상

엄마 같은 여인이 되고 싶다. 목젖이 다 보이도록 환하게 잘 웃는, 몸치인 걸 인정하면서도 흥이 오를 때면 꿋꿋이 춤을 추고 신랑의 귀여움을 은근히 자랑하는 사랑스러운 여인.

손녀 머리를 땋아 주는 엄마를 보다 괜히 "나도 해줘." 하며 장난치는 내게 맞장구쳐주는 엄마. 결의에 가득 찬 눈빛으로 "이리 와." 하고 빗을 들고 앉는다. "우리 딸 어릴 때 엄마가 머리를 하도 당겨 묶어서 맨날 아프다고 찡찡거렸었는데, 그 덕에 니가 지금 눈이 큰 거다."라며 웃는 엄마에게 "그때 눈이 다 안 감겨서 나 안구 건조증 걸렸나 보네!" 하며 어리광을 부리다 보면 지금 내가 스물네 살인지 아홉 살인지 분간이 가지 않다가 "할머니!" 하고 달려오는 조카 온이가 부쩍 큰 것을 보며 엄마의 환갑 잔치가 이미 재작년이었다는 것과

21日

나의 첫 세상

내가 30대 후반에 접어드는 중이라는 것을 깨닫는다.

빗을 들고 있는 엄마의 손에 그새 늘어난 듯한 주름들을 본다. 저 중에 내가 새긴 주름은 몇 개나 될까. 나 때문에 엄마가 입술을 깨물고 주먹을 꽉 쥐며 자존심을 내려놓고 하고 싶은 것들을 삼키던 몇 개의 장면과 생각 없이 뱉었던 내 모진 말들이 날카롭게 되돌아와 꽂히는 것만 같다. '엄마는 더 아팠겠지. 아직도 기억하겠지.' 이런저런 생각들로 슬퍼지려는 찰나에 내 머리를 열심히 묶어 주던 엄마가 군데군데 난 내 흰머리를 발견하곤 "안 돼. 우리 딸 늙지 마." 하고 우는 소리를 낸다.

왈칵 눈물이 날 것 같아 고개를 드니 거울 속 두 여인이 참 많이도 닮아 있다.

21日

나의 첫 세상

오늘의 사랑

영원했으면 좋겠어.

영원하지 않기에 순간이

아름다운 거라지만 이런 순간들은

내내 아름다울 텐데.

영원처럼 사랑할 수 있는데.

이렇게 글자로 적어 두면

영원처럼 남겨질까?

22日

마지막 피자 한 조각

22日 | 마지막 피자 한 조각

우리 동네에 항상 똑같은 자리에 주차된 차가 있다. 까만 차인데 기억에 남는 이유가 있다. 주차를 할 때면 항상 옆 차를 배려해 넓게 띄워 놓고, 비가 오나 눈이 오나 늘 깔끔하게 유지되어 있기 때문이다. 그래서 그 차의 운전자를 한 번도 본 적은 없지만 왠지 근사한 사람일 것 같다고 생각했다. 그러다 어느 날, 그 차로 향하는 두 분을 보았다. 머리가 새하얀 할아버지는 할머니의 휠체어를 밀어 차까지 가셨다. 그러고 나서 할머니를 능숙하게 안아 올려 동승자석에 앉히신 후, 담요를 예쁘게 반으로 접어 무릎에 놓아 주시고 할머니의 볼에 가볍게 입을 맞추셨다. 나도 모르게 미소가 새어 나왔다.

저런 사랑을 할 수 있을까 생각했다. 주는 쪽이든 받는 쪽이든.

22日 | 마지막 피자 한 조각

평생 함께할 줄 알았던 사람이 있었다. 그를 떠올리면 좋아 죽겠기보다는 그냥 마음이 이상했다. 더 잘해주지 못해서였는지, 더 열정적으로 사랑하지 못해서였는지. 그는 항상 내가 우선이었다. 나는 또 그게 당연했다. 그때는 그게 위험한지 몰랐다. 반짝이던 그가 나 때문에 빛을 잃어 가는 것 같았다. 결국 우린 열정적인 사랑에서 동반자적인 사랑으로 넘어가는 시험에 통과하지 못했다.

내가 기꺼이 주는 만큼, 상대가 나에게 주는 것들도 당연하게 여기지 않는 마음. 마지막 한 조각의 피자를 양보하며, 그걸 먹는 상대가 더 행복하길 바라는 마음. 그리고 상대도 같은 마음으로 나를 바라보는 것. 가끔은 서로 그렇게 양보하다가 결국 스스럼없이 그 마음을 받는 것. 그와 끝나고 나서야 비로소 알게 되었다.

22日 | 마지막 피자 한 조각

오늘의 사랑

나도 그 할아버지처럼

사랑하는 사람을 번쩍 들어올릴 수 있는

근력을 갖고 싶다.

23日

집으로 가는 길

23日

집으로 가는 길

7시도 안 된 시각인데 벌써 해가 지고 있는 걸 보니 겨울이 가까워진 것이 실감 난다. 그러고 보니 피부에 닿는 공기도 조금은 차가워진 듯하다. 이어폰을 끼려던 손을 거두고 그냥 걷기로 한다. 잠깐 멈춰서서 저마다 분주한 걸음을 옮기고 각자의 이야기들로 왁자지껄한 거리를 본다. 엉망이었던 기분을 애써 외면하고 있었는데 엉킨 실타래 같은 복잡한 마음이 정수리에 무겁게 얹혀 버렸는지 자꾸만 고개가 바닥을 향한다.

내게는 팔다리가 저릴 만큼 힘든 일들을 식후 양치하듯 해내는 이들을 보며 초라한 시기심을 누르느라 고단한 하루였다. 내 노력이, 내 사랑이 훨씬 더 크고 환한데. 그 크고 환한 게 아무리 눈부시다 한들 꼭 좋은 결과로 이어지지 않을 수도 있다는 걸 받아들이기가 힘들었다. 이런 건 나이를 먹는다고 해서 쉬워지는 건

23日

집으로 가는 길

아닌 것 같다. 이 실속 없는 질투를 다 털어내고 집으로 가고 싶은데 터덜터덜 어디로 향하는지도 모르는 발걸음을 겨우 옮겨도 무겁게 내려앉은 기분은 여전히 바닥을 향한다.

그럴 때면 약속처럼, 어떤 주문에 반응하는 마법처럼 전화가 울리고 발끝만 보이던 눈앞에 환하게 번져 오는 이름이 있다. "어디야?" 하고 시작되는 다정한 인사가 전화기를 통해 흘러나온다. 오늘 신은 양말의 무늬, 맛있었던 점심 반찬, 동료와 했던 실없는 얘기들을 늘어놓는 익숙한 목소리. 나를 보살피고 나를 웃게 하는 구원의 말들. 네가 웃는다.

온통 무채색이던 공기는 금세 불꽃이 터지듯 제 색을 되찾아, 나는 지옥과 멀어지고 있어.

23日 | 집으로 가는 길

무거운 내 목소리를 알아챈 네가 어설픈 말투로 싱거운 농담을 건넨다. 고민한 흔적이 다분한 재미없는 말장난. 내가 웃는다. 녹슬었던 마음이 활기를 띠어 그제야 고개를 든다. '그러네, 오늘 달이 환하게 떴네. 너의 조잘거림은 시들었던 내 귓가에 꽃을 피워내듯 닿아. 그저 이렇게 시시한 일상을 나누며 오래오래 걷고만 싶어.' 문 앞에 선 나는 발길을 돌려 조금 더 걷다가 들어가기로 한다.

23日 | 집으로 가는 길

오늘의 사랑

오늘은 내가 전화할게!

24日

―

얼굴

24
日

얼
굴

절에 다녀왔어. 얼마 전에 사주를 봤는데 번개 맞은 대추나무로 만든 팔찌를 하고 다니면 좋다고 해서. 그런 건 절에서만 살 수 있다기에. 나는 절을 좋아해. 고즈넉하고 고요하니까.

괜히 생각이 정돈되는 기분이 들거든. 잘 지나가야만 하는 시기의 가운데에 주저앉아 있던 중이라 누구라도 날 좀 봐주기를 바라다가 아무도 나를 보지 못하기를 소원하기도 하던 시끄러운 머릿속이 조금은 정돈되는 듯해서 좋았어. 추운 날씨였는데도 많은 사람들이 불상을 바라보고 있더라. 간절한 염원을 중얼거리는 사람과 멍하니 그곳을 바라보는 사람들을 번갈아 보다가 나도 그쪽을 바라보았어. 불상 앞에 서 있으니 왜인지 나도 주절주절 뭔가를 계속 얘기하게 되더라. 물론 속으로만. 그 힘은 뭘까 생각해 봤는데 어렴풋이 알 것도

24
日

얼굴

같아. 나도 그런 힘을 가진 몇 개의 얼굴을 알고 있어.

갓 서울에 올라와 모든 게 불안하기만 하던 때, 엄마에게도 말 못 하는 비밀과 고민들을 쭈뼛쭈뼛 늘어놓던 내게 돈이 든 봉투와 편지를 건네던 언니의 얼굴. 언젠가 좌절에 몸부림치던 내게 김이 모락모락 나는 밥과 수저를 쥐여 주던 윤의 얼굴. 괜찮다는 내 확신의 말 또는 괜찮지 않다는 투정의 말, 뭐든 듣고 싶어 이것저것 질문하는 가족의 얼굴과 유난히도 소란히 사랑을 얘기하는 누군가의 얼굴을.

무언가를 바라봐 온 시선들과 무심결에 흘려 온 말들과 쉼 없이 떠올리던 무수한 생각이 묻은, 그 사람이 지나온 시간들을 설명해 주는 그 얼굴, 얼굴들. 그런 얼굴들은 바라만 봐도 그렁그렁 눈물이 맺히곤 해. 나

24日 | 얼굴

도 그 얼굴들을 닮고 싶어. 내게 다정과 긍정과 안정을 주는 너의 얼굴을.

있잖아, 나는 주저앉는 게 지겨워. 그래서 서 있기로 했어. 사랑을 말하는 너의 입술을 발판 삼아. 확신을 건네는 그 두 눈에 기대어. 그런 얼굴이 될게.

24
日

얼굴

오늘의 사랑

그러니 너도 나를 바라봐 줘.

25日

내가 사랑하는 시간 3:
아주 주관적인 낭만

25日 | 내가 사랑하는 시간 3 .. 아주 주관적인 낭만

낭만을 즐기는 순간은 내가 사랑하는 시간들 중 많은 부분을 차지한다. 내가 생각하기에 낭만은 아주 주관적이어서, 내가 낭만이라 칭하면 낭만이 되는 것이다. 마법의 문장이 있다. 스스로 '지금 낭만적이지 않아?' 라고 하면, 바로 낭만 모드가 켜진다. 이 현상의 이유를 생각해 봤는데 시간은 계속 흐르고 있고, 의식하지 않으면 그냥 흘러가 버리는 것이다. 그래서 순간을 잡으면서 지금을 각성하게 만드는 것 같다. 그럼 그 즉시 그 상황이 다르게 보이고 의미 있어지는 것이라 생각했다. 나는 이 주문을 중학생 때부터 습관처럼 했던 것 같다. 그맘때 유행병(중2병)과 함께 걸린 낭만병이다. 중2병은 나았는데(아닌가?) 낭만병은 불치병이다. 나도 모르게 터져 나오는 "아, 빗소리 좋다!"라던지 "음, 햇살 따뜻해." 같은 말을 들은 친구들은 놀리기 일쑤였지만, 그들도 그들만의 낭만을 즐기고 있

25日 | 내가 사랑하는 시간 3.. 아주 주관적인 낭만

었을 것이라 생각한다.

라디오에서 흘러나오는 스무스 재즈와 따스한 오렌지빛 조명, 키보드에 손가락만 올린 채 일렉 기타 소리만 듣고 있는 지금 이 순간이 낭만이다. 실은 재즈와 오렌지빛 조명도 필요없다. 그냥 가만히 푹신한 의자에 기대앉아 눈을 감고 깊게 숨을 들이마시고 내쉬는 게 낭만이다.

음악은 낭만과 가까워서 어느 장소든 음악이 흘러나오는 순간에, 나를 둘러싼 모든 것이 낭만적으로 보이는 경험을 종종 하게 된다. 작곡 공모전에서 AI가 우승하는 시대에, 우리는 아직도 음악을 한땀 한땀 만들고 있다. 그래서 왠지 우리의 방법이 더 낭만으로 느껴지기도 한다. 가사에 담는 진심들이 가볍지 않고 그 마

25日 | 내가 사랑하는 시간 3.. | 아주 주관적인 낭만

음에 대한 예의를 갖추는 나름의 방법이다. 우리는 음악 노트에 음표를 그리고 펜으로 가사를 썼다 지웠다 한다. 우리가 만든 곡이 누군가의 낭만적인 순간에 함께할 수 있었으면 좋겠다.

25日 | 내가 사랑하는 시간 3 .. 아주 주관적인 낭만

오늘의 사랑

오늘 내가 사랑한 낭만:

세탁기 돌려 놓고 책 읽기.

책은 매일 충전할 필요도,

매달 구독료를 낼 필요도 없다!

26日

취향의 취향

26日

취향의 취향

소파에 누워 이리저리 채널을 돌리던 무료한 아침, 무심결에 본 광고 하나에 우뚝 멈춰 서 있었다. 어떤 영화의 새로운 시리즈가 나온다는 광고였다. 벌써 5번째 시리즈였다. 잘 보지 못하는 공포물이었는데 "이거 진짜 재밌어!"라며 종알거리던 들뜬 목소리에 실눈을 뜨고 진땀을 빼가며 겨우겨우 봤던 그 영화. 눈을 가린 걸로 모자라 잔뜩 굳어 버린 나와 뭐가 무섭냐며 과자를 먹으며 웃던 그 사람. 너무나 다른 온도로 같은 영화를 보던 우리.

너무나 내 취향이었던 그 애의 취향이 나는 궁금했다. 좋아하는 영화나 자주 듣는 음악, 신간을 찾아보게 되는 작가는 누구인지, 즐겨하는 모바일 게임이라던가 기분이 안 좋을 때 먹고 싶어지는 음식은 어떤 종류인지 같은 것들……. 어떤 영화나 문장들이 그 애를 이

26日

취향의 취향

토록 내 취향으로 만들어 낸 것인지 자꾸만 들여다보고 물어보고 싶었다. 주머니 속에 구겨진 종이의 글씨까지도 읽어 보고 싶을 만큼.

나와 비슷한 취향이 거의 없었지만 나는 열심히 외우고 배웠다. 그 덕에 목이 따끔거려서 싫어했던 탄산음료를 벌컥벌컥 들이켜 보기도 하고, 귀가 아프도록 격렬한 록 음악을 듣느라 진이 빠지기도 했다. 그가 예쁘다고 한 텔레비전 속 연예인을 따라 하느라 어울리지도 않는 아이라인을 위아래로 짙게 그리고 다닌 적도 있었다. 그 역시 2000년대 아이돌 노래를 줄줄 꿰고 있는 나를 신기하다는 듯이 바라보다 아는 노래가 나오면 박수를 치며 기뻐했다. 그렇게 서로의 취향을 공유하며 제법 진지하게 인생 드라마의 순위를 매기고, 흥미도 없는 축구 얘기에 열심히 고개를 끄덕이다

26日

취향의 취향

보면 조금 더 가까워진 우리가 있었다.

이별 뒤엔 아무것도 남지 않는다고 생각했는데 생각해 보니 사소한 것들이 꽤나 달라져 있었다. 어느 날은 무심코 과자를 고르다가 언젠가 내게 커다란 빼빼로와 함께 '빼빼로 맛있네! 근데 아이셔는 진짜 못 먹겠어.'라고 써 주었던 귀여운 쪽지 생각이 났다. 초코 과자만 먹던 내게 짭짤한 감자칩의 매력을 알려 준 것도 그였고, 자주 쓰는 향수도, 요즘도 즐겨 신는 신발 브랜드도 그가 내게 남겨 둔 것들이다.

처음엔 궁금했고 그를 닮고 싶었고 배우고 싶었기에 어쩌면 비슷해졌을지도 모르는, 누군가가 남겨 둔 취향의 자국들이 나의 세계에 차곡차곡 쌓여 있다. 가끔은 '나처럼 빼빼로를 사 먹으려나? 아이셔는 아직도

26
日

취
향
의
취
향

안 먹겠지?' 하고 소란히 떠오르는 생각들을 이어가다 그 영화의 다섯 번째 시리즈를 보기로 한다.

26日

취향의 취향

오늘의 사랑

사랑은 서로의 취향과 취향이 쌓여

나도 모르게 닮아 가는 일.

27日

고양이

27日

고양이

오늘은 평소보다 일찍 눈이 떠진 날이었는데 고양이 용 소파에 비스듬히 누워 있는 뿌뿌를 바라보느라 한참을 이불 속에서 시간을 보내야 했다.

사랑이 너무 무거워지면, 감당할 수 없을 만큼 무거워지면 나는 자주 바닥에 눕는다. 그러면 내 고양이와 눈이 맞춰지고 온 집안을 누빈 작은 발자국이 다 보인다.

못 견디게 사랑스러운 마음을 주체하지 못해 '우쭈르르르 깍까꿍!' 같은 외계어를 남발하며 두 팔을 파르르 떨며 다가가기도 하고, 지나친 상상이 불안이 되어버릴 때면 내 마음을 남김없이 다 줄 때까지만 곁에 있어 달라며 눈물바람으로 엉금엉금 기어 가 복슬복슬한 털을 만지기도 한다. (어쩌면 고양이 입장에서는 이러나저러나 공포스러운 모습일지 모르지만) 이럴 때의

27日

고양이

27日

고양이

나는 지나치게 상상력이 풍부해지고 종종 언어를 상실해 버릴 만큼 멀쩡하지 못하다. 바닥에 흩어진 온갖 어지러운 사랑의 고백들을 네 개의 작은 발바닥이 남김없이 밟고 지나가기를, 그래서 그 애에게 내 사랑이 잘 전해지기를 바라면서.

처음 왔을 때의 뿌뿌는 정말이지 거의 내 주먹만큼이나 작은 고양이였다. 이 자그마한 것이 밥 먹는 방법은 알고 있는 건지, 불편해 보이는 자세로 잘 자고 있긴 한 건지, 알려 준 적도 없는 화장실 쓰는 법은 어떻게 아는 건지. 모든 게 대견하고 염려스러운 와중에 가장 큰 걱정은 어이없게도 이 작은 아기 고양이가, 유난히 코가 작은 뿌뿌가 혹여나 숨 쉬는 법을 까먹지 않을까 하는 것이었다. 처음이라서, 한 번도 경험해 보지 못했던 감정이라서 자주 당황하고 겁을 먹었던 것 같다. 그래서

27
日

고양이

나는 뿌뿌가 잠을 잘 때나 휴식을 취할 때면 숨 쉬는 속도에 맞춰 오르락내리락하는 그 애의 등 언저리를 여러 번 관찰하곤 했는데 1분에 20회에서 30회 정도의 건강한 숨을 헤아리고 나서야 비로소 안심이 되곤 했다.

나는 왜 이토록 이 작은 고양이를 사랑하게 된 걸까? 그저 귀엽게 생겼다는 이유만으로? 모르겠다. 뿌뿌를 바라볼 때 툭하면 눈물이 나고 자꾸만 웃게 되고 엉뚱한 상상력만 늘어가는 나는, 이게 사랑이라는 걸 안다. 그건 확실하다. 확신의 사랑. 이 사랑은 계기가 없다. 깨달음만 있다. 어느새 이 고양이가 내 세상이 되었다는 깨달음. 내가 지독히도 깊은 사랑에 빠져 버렸다는 깨달음. 언젠가 아주아주 많이 울게 될 거라는 것과 그럼에도 함께한 기억들이 나를 다시 웃게 할 거라는 깨달음.

경계하느라 바쁘게 나의 행동을 쫓던 큰 눈이 이젠 눈

27日

고양이

27日

고양이

을 맞추면 졸린 듯 느리게 끔벅거리고, 조금만 가까이 가도 부리나케 도망 다니던 작은 털 뭉치 같던 게 이제 내 옆에 와서 잠을 잔다. 내 허벅지에 턱을 괴고 골골골 기분 좋은 소리를 내면서……

이렇게 우리가 서로에게 익숙해지는 시간 동안, 내 일기장과 사진첩이 온통 뿌뿌의 이야기들로 두툼해지는 시간 동안, 이 맥락도 논리도 없는 '사랑'을 하며 수많은 낯선 감정들에 이리저리 휘둘리고 나서야 마침내 나는 내 생애의 아침을 맞이한 듯하다. 이제야 눈을 떠 진짜 삶을 사는, 내가 가진 세계가 무한히 확장되는 기분. 내 사랑하는 고양이의 세상에 수많은 다정한 언어들을 수놓고 '사랑받고 싶다'는 생각조차 하지 못할 만큼 늘 사랑 안에 있게 해주고 싶다는 결심이 내 삶을 지탱해 주고 있으니까.

27日 | 고양이

오늘의 사랑

뿌뿌에게 사랑은 뭐야?
"엄마랑 언니를 기다리는 시간들을
잘 보내는 거. 그게 내 사랑이야."

28日

마음이 기억하는 냄새

28日 | 마음이 기억하는 냄새

일기예보를 보고도 우산을 챙기지 않았는데 결국에는 비가 내렸다. 그도 나처럼 비가 올 걸 알면서도 우산을 챙겨 나오지 않았다. 카페에서 나와 우산을 펼치는 사람들 옆에서 그는 "비 많이 온다 그치?"라며 웃었다. 나는 그런 그가 사랑스러워서 같이 웃어 버렸다. 우리는 비를 맞으면서 지하철역까지 내리막길을 걸었다. 머리와 옷은 금방 다 젖어 버렸다. 하지만 비가 그치지 않길 바랐다. 이 순간이 깨져 버릴까 걱정될 정도로 소중해서, 분명 언젠가 어떤 순간에 지금 이 순간이 떠오를 것 같다고 생각했다.

그 뜨거운 아스팔트에 시원하게 내리던 비. 여름비 냄새가 나면 그때가 생각난다. 해사하게 웃던 그와 그날. 냄새는 형태도 없이 추억과 감정을 담는 상자 같다. 그리고 그 상자는 시도 때도 없이 만들어졌다가 시

28日 | 마음이 기억하는 냄새

도 때도 없이 열린다. 우연히 스친 사람에게서 옛 연인의 향수 냄새가 나서 속절없이 그와 그 시절이 떠올라 버리는 건 어쩔 수 없다.

매주 가던 학원에 좋아하던 선생님이 있었다. 그는 언제나 무릎을 가릴 만큼 긴 코트를 입고 단정한 모습이 멋있었다. 그는 과묵했기 때문에 그에 대해 아는 것이 거의 없었다. 그런데 항상 그에게서 나는 냄새가 오묘했다. 말로 표현해 보자면 금연이라 쓰인 화단에, 찌그러진 담배꽁초 옆에 핀 매콤한 꽃 같았다. 하루는 일정이 꼬여 한 시간 정도 일찍 도착한 적이 있었다. 먼저 도착해 있던 그가 밥을 먹으러 가자고 해서 냉큼 따라나섰다. 골목으로 꺾어 들어가면 바로 보이는 음식점에 들어갔다. 그는 매번 먹는 것이라며 제육볶음을 시켰다. 밥을 먹으며 같은 동네에 사는 것도 알게

28日 | 마음이 기억하는 냄새

되었고, 최근에 팔 수술을 받은 것도 알게 되었다. 짧은 대화를 나누다 보니 순식간에 식사 시간은 끝이 났다. 계산을 하고 나가려는데 그가 계산대에서 익숙한 듯이 섬유탈취제를 칙칙 뿌렸다. 그리고 그는 내게 추운데 먼저 올라가라고 손짓했다. 나는 그가 혼자 남아 담뱃불을 붙였을 거라 짐작했다. 수업 시간에 들어온 그에게서 정확하게 그 냄새가 났기 때문이다. 의문이 풀려 버렸다. 지금도 음식점에 있는 섬유탈취제를 보면 한 번씩 그가 떠올라 몰래 웃는다.

본가에 갈 때면 문을 열자마자 나는 특유의 따뜻하면서도 향긋한 냄새가 있다. 그 냄새는 엄마에게도 아빠에게도 나는 냄새라서 항상 그 냄새를 그리워한다. 몇 달 전, 엄마가 여행을 앞두고 새벽 비행기를 타기 위해 하루 전날 올라와 내 방에서 주무신 적이 있다. 그

28日 | 마음이 기억하는 냄새

날 엄마한테도 그 따뜻하고 향긋한 우리 집 냄새가 났다. 엄마가 잠옷으로 갈아입으려고 캐리어를 열자 더 진하게 퍼져 나왔다. 엄마는 아무렇지 않게 섬유유연제 냄새라며 너무 좋지 않냐고 되물었다. 그 순간 집에 온 느낌이었다. 집은 엄마고 아빠였다.

28日 | 마음이 기억하는 냄새

오늘의 사랑

당신도 마음이 기억하는 냄새가 있나요?

29日

연 말 정 산

29日

연말 정산

올해 초에 친구 라윤과 해방촌을 거닐다 독립 서점 몇 군데를 구경했는데 언제 산 건지 라윤이 '연말 정산'이라는 작은 책 2권을 내밀며 같이 해 보자고 했다. 손바닥만 한 그 책에는 지난 한 해를 돌아보게 하는 100가지 질문이 적혀 있었고 스스로 답을 적으며 빈칸들을 채우는 형식이었다. 카페에 자리 잡은 우리는 그 작은 책을 펼쳐 놓고 각자의 지난해를 돌아보며 제법 진지하거나 싱겁기 짝이 없는 답변을 적으며 웃었다.

Q. 밖에서 찾은 나의 집밥?
A. 남이 차려준 건 어지간하면 맛있다.

Q. 다이어리 첫 장에 적은 말?
A. 쪽팔림을 감수하자!

29
日

| 연
| 말
| 정
| 산

쉬운 질문들도 있었지만 어쩐지 집에서 혼자 비밀스럽게 적고 싶은 질문들을 패스하던 중에 '나를 웃게 했던 것은?' 이라는 질문에 분주하던 펜이 멈추었다. 작년에 내가 어땠더라. 새해가 되면 어쩐지 자꾸만 작년에 지키지 못했던 약속들과 후회했던 일들만 생각이 나서 그것들을 개선하기 위한 다짐만 되뇌이기 바빴는데 막상 이런 질문을 받아 보니 여러 장면들이 떠올랐다.

반려묘 뿌뿌가 내 다리에 머리를 '꽁' 하고 부딪히는 모양, 윤이랑 텔레비전을 보며 같은 장면에서 깔깔거리던 시간, 멍든 내 팔에 뽀로로 밴드를 붙여 주던 조카 온이, 소파에서 같은 포즈로 영화를 보던 부모님, 친구들과 맛집에 찾아가 메뉴를 고르던 분주한 눈길들과 테이블 위로 잔뜩 늘어놓던 이야기들. 또 건네받은 편지 위의 글씨들과 그 안에 담긴 사랑의 말들이 줄줄

29
日

연말정산

이 생각이 나다가, 질리도록 먹어도 질리지 않던 사랑하는 복숭아와 옥수수. 연신 "아, 배부르다." 노래를 부르며 걷던 경의선 숲길까지 생각이 뻗쳤다. '사랑하는 것들이 이렇게 겹겹이 쌓여 있었는데.'

즐거운 것들을 떠올리다 넘긴 다음 페이지에서 가장 눈길을 끄는 질문은 '당신이 조용한 응원을 보낸 사람?' 이었다. '응원'이라는 글자를 보자마자 재작년에 선물 받은 피아노 모양의 녹음기가 생각났다. 스웨덴 세탁소 10주년에 받은 선물. 손바닥만 한 피아노 모형의 뚜껑을 열어 버튼을 누르면 우리의 10주년을 축하한다는 말과 고맙다는 말, 앞으로의 날들을 기대하는 애정이 잔뜩 묻은 말들을 수줍게 뱉어내는 목소리들이 들어 있다. 우리가 나눠 가진 시간들에 비해, 우리가 그들에게 보여준 것에 비해 훨씬 넓고 깊은 마음들.

29日

연말정산

누군가에게 이토록이나 큰 응원을 보낼 수 있는 아름다운 사람들을 생각하다가 나 역시 이들에게, 또 어딘가에서 내게 아주 크고도 조용한 응원을 보내 주는 사람들에게 소리 없이 뜨거운 응원을 보내고 싶어졌다. 그것 또한 사랑이라 이름 붙여 보며.

Q. 올해 나를 가장 칭찬해 주고 싶었던 일?
A. 나와의 약속 잘 지킴!

늘 잘하고 있다고, 이 정도면 잘 해낸 것이라고 스스로를 다독이다가도 왜인지 연말이나 새해가 되면 다들 잘 흘러가는데 나만 고여 있는 기분이 되어 나를 다그치고는 했었는데, 여러 질문들에 답을 하다 보니 낭만을 노래하려 기꺼이 낭비한 시간들이 결코 헛되지 않음과 울고 견디고 헤맨 시간들이 있었기에 앞으로의

29日

연말정산

내가 가질 희망들이 더 강한 힘을 지닐 거라는 확신이 들었다. 맛있는 걸 먹고 좋아하는 걸 보고 잦은 질문들로 서로를 잘 헤아려 보자는 다짐을(또 다짐이다.) 책 맨 끝장에 적어 두었다.

Q. 사랑하는 나에게 하는 한마디?
A. 우리 친하게 지냅시다!

29日

| 연말정산

오늘의 사랑

오늘, 사랑하는 나에게

해주고 싶은 한마디는?

30日

그만할게

30
日

그
만
할
게

연락이 눈에 띄게 줄고 만나는 횟수도 점점 줄어들었다. 자연스러운 수순이었다. 집 앞이라는 말에 '왜 말도 없이 갑자기 온 거야.' 라는 불만이 마음속에서 터졌다. 그것도 이별 징후였을지도 모르겠다. 그가 선물해 준 흰색 운동화를 신고 나갔다. 종종 산책하던 길을 말없이 걷다 벤치에 나란히 앉았다. 무거워진 공기는 날씨 때문은 아닌 듯했다. 벤치에 앉아서 다행이었다. 마주보고 앉을 자신이 없었다. 우리 노래 <그만할게>의 가사가 꼭 자기 얘기 같다고 했다. 이젠 자기가 궁금하지 않냐고 물었고 나는 대답하지 못했다.

집으로 돌아와 물건을 정리했다. 그래야 할 것 같았다. 어색하게 처음 같이 찍었던 사진과 내가 졸라서 함께 다녀온 전시 티켓, 길거리를 지나다 우연히 그린 캐리커쳐. 내 방 한 면을 채우고 있던 것들을 하나하나 떼

30日

그만할게

어 냈다. 실감이 나지 않는 건지 아무렇지도 않았다. 아무것도 없는 텅 빈 벽의 모습이 어색할 뿐이었다. 벽에는 떼어 낸 자국이 남았다. 손가락 끝으로 그곳을 쓸어내렸다. 갑자기 슬픔이 내 안에서 물밀듯이 몰려와 눈으로 역류하는 것 같았다. 찐득한 것이 슬펐다.

보고 싶다는 말에 달려와 안을 사람이 이제는 없다는 게 실감이 났다. 차라리 내가 물에 녹는 성질이라 녹아 버렸으면 했다. 그냥 이대로 조용하게 아무 형태도 없이. 햇살에 바짝 말라서 흔적조차도 없게. 사랑이 거울이었다면 깨져 버린 것이고, 사랑이 나무였다면 뿌리가 썩어 버린 것 같았다. 슬픔에 잠겨 숨도 쉴 수 없을 것 같을 때, 샤워로 슬픔을 씻어 내고 이내 괜찮은 척했다. 그리고 괜찮아질 거라고 믿었다.

30
日

그만할게

오늘의 사랑

그만할게. 그냥 참아 볼게.

내 하루의 전부였었던 너에 대한 물음들,

셀 수 없는 긴 기다림 끝에 만들었던

그 우연까지도.

노래 <그만할게> 중에서

31日

잠수

31日 | 잠수

'나 사랑에 빠진 것 같아!'
'풍덩!' 소리와 함께 잠수를 시작한 너는
이제 아무것도 보이지 않고
아무것도 들리지 않나 봐.

너를 따라 빠져 버릴까?
물가를 서성거리다
나는 뭐가 되어 버린 걸까.

찰박찰박
네가 잠긴 물가에 너무 많은 내가
길러지고 있어.

31日

잠수

잠수를 마치고 물에 젖은 너는
우는 거야, 웃고 있는 거야.
알 수 없게 반짝거린다.

실은 우리 모두 물속에 있어.
숨 쉬는 걸 잊어버릴 만큼
아주 오래전부터.

나는 그저 아름다움에 취해
고개를 끄덕인다.

숨 쉬는 것도 잊어버린 채로.

31
日

잠수

오늘의 사랑

너무 많은 내가

너무 많은 너를 사랑해.

에필로그 | 그럼에도, 사랑

나는 사랑 예찬론자입니다. 대부분은 그렇습니다. 내가 가진 대부분의 원동력은 '사랑'에서 나오기 때문입니다. 무언가를 또는 누군가를 너무나도 사랑하기에 원하게 되는 마음. 그래서 더 나은 내가 되고 싶고 더 잘 해내고 싶어 '최대한의 나'를 향해 영차영차 요란한 소리를 내가며 무거운 몸과 엉킨 생각들을 기어이 끌고 가는 나의 사랑. 그럴 때의 밤에는 꿈속의 잔바람까지 생생해져서 눈을 뜨는 일이, 아침을 맞이하는 일이 설레고 분주해져요. 목적지가 뚜렷하거든요. 그곳으로 가는 동안 너무 뜨거워진 내 사랑이 여기저기 쓰라린 흉터를 남기더라도 좋은 내가 남았으니까, 그런 반짝이는 마음을 가졌던 귀중한 시간을 가졌으니까 모든 게 아름답게 비춰지곤 해요.

하지만 간혹 이 단계를 넘어서는 사랑을 하는 저는 사

랑 저주론자가 됩니다. 거의 초월에 가까운 힘을 주던 내 사랑이 무게에 무게를 더해 나를 짓눌러 버리고 나는 완전히 무력한 인간이 됩니다. 멋진 사람이 되겠다며 시간을 쪼개던 나는 온데간데없고 갑자기 블랙홀 같은 깊은 수렁이 된 이 마음을 어디서부터 어떻게 받아들여야 할지 당황스러워 온종일 멍하게 시간을 죽입니다. 멀게 보여도 선명하던 목적지는 아무래도 상관없다는 듯 이 사랑의 대상과 관련된 것이 아니면 아무것에도 흥미도 재미도 관심도 없어집니다. 심지어는 내 자신에게도요. 이 단계의 사랑에 빠져 버린 나는 마치 내가 아닌 타인처럼 느껴져요. 살기 위해 사랑을 하는데 사랑을 하는 나는 자꾸만 무너지는 이상한 사랑. 나의 세계에는 이런 사랑도 있습니다.

내내 사랑에 대해 생각했어요. 사랑에 빠진 사람들을

바라보고 누군가를 사랑하는 나를 바라보고 또 나를 사랑하는 이들을 바라보면서. 우리가 사랑이라 생각해 온 것들이 실은 무수한 착각은 아닐까 겁을 내다가, 내 시선 안의 누군가가 이토록 사랑스럽다는 사실에 안도하는 몇 번의 다독임을 거치며 사랑에 허우적대던 몇 명의 나를 조심스레 꺼내어 보았습니다.

'사랑 예찬론자의 나' 그리고 '사랑을 저주하는 나'를 번갈아 마주하며 얻어낸 대답은 '그럼에도' 입니다. 이 모든 피로움을 끌어안고서라도 나는 당신을, 내 사랑을 사랑하려 해요. 다른 선택지는 없으니까요. 내 빼곡한 사랑의 마음들을 각자의 세상으로 가져가 주기를 그리고 매일매일 사랑하는 것들을, 사랑에 빠져 허우적대며 뜨겁게 울고 웃고 괴롭고 때로는 납득할 수 없는 자신의 모습을 귀 기울여 듣고 기록해 보기를 바라는 마음을, 사랑을 생각하며 쓴 <시선>이라는 노래와 함께 놓아둡니다!

'사랑하는 이를 바라본다.
찰나에 짓는 표정과 입술을 움직이는 모양과
눈의 깜빡임조차 놓치지 않으려 애를 쓰면서.
내 시선 안에서 당신이 얼마나 더 자유로워도 되는지,
내가 바라보는 당신이 얼마나 사랑스러운지
알게 해주고 싶어 발을 동동 구르면서.
내 시선 안의 당신을 봐 주세요.
이토록 아름다운 당신을.'

우린 서로의 약점을 비밀스레 나눠 지고

1판 1쇄 발행 2025년 11월 22일

지은이 | 스웨덴세탁소
펴낸이 | 양승윤

펴낸곳 | (주)와이엘씨
출판등록 | 1987년 12월 8일 제1987-000005호
주소 | 서울특별시 강남구 강남대로 354 혜천빌딩 15층 (우)06242
전화 | 02-555-3200
팩스 | 02-552-0436
홈페이지 | www.ylc21.co.kr

ⓒ 2025 스웨덴세탁소
ISBN 978-89-8401-862-4 03810

모베리는 다양하고 창의적인 생각과
세상의 모든 이야기를 담은
(주)와이엘씨의 출판 브랜드입니다.
이 책의 저작권과 출판권은
스웨덴세탁소와 (주)와이엘씨에 있습니다.
저작권법에 따라 보호받고 있으므로
무단 전재와 무단 복제를 금합니다.